# VORWORT

Ich forsche und lehre seit 25 Jahren Lern-, Entwicklungs- und Erziehungstheorien. Ich habe in dieser Zeit als Lehrer mit tausenden Schülerinnen und Schülern sowie deren Eltern praktisch gearbeitet und ebenso vielen Studierenden akademisch diese Theorien nähergebracht und nicht zuletzt bin ich selbst Vater zweier Kinder im Alter von 12 und 14 Jahren. In all diesen Jahren war ich immer auch neugieriger Forscher in Sachen Erziehungs-, Entwicklungs- und Lerntheorien. Was mich angesprochen hat, waren immer Theorien, die von hoher praktischer Relevanz sind, die sich ganz direkt in den Alltag umsetzen lassen. Auf dieser Grundlage haben sich für mich über all die Jahre meiner Tätigkeit in und mit Erziehung, Bildung und Entwicklung verschiedene Theorien als besonders bedeutsam für den Erziehungsprozess herauskristallisiert. Ich habe mich immer gewundert, dass viele dieser Theorien bei Eltern so wenig bekannt sind, obwohl sie doch so ungemein hilfreich im Erziehungsprozess wären. Genau darum soll es in dem hier vorliegenden Buch gehen: Ausgewählte wissenschaftliche Theorien der Erziehung, Bildung und Entwicklung für Praktiker im Alltag nutzbar zu machen. Diese Theorien allgemein verständlich aus dem Elfenbeinturm der Wissenschaft herauszuholen und in ihrer ganz konkreten Relevanz für die Erziehungspraxis darzustellen, das ist mein Anliegen mit dem hier vorliegenden Buch.

Ich möchte an dieser Stelle einen ersten Schritt in die aus meiner Sicht bestehende Leerstelle der Literatur der „Erziehungsbücher" zwischen erziehungswissenschaftlicher Theorie hier, die Wissenschaftler anspricht und alltäglicher Erziehungspraxis, die sich in Form von Erziehungsratgebern direkt an Eltern richtet, machen. Meine Haltung ist geprägt von der Überzeugung: Man kann Eltern und „Praktikern" sehr wohl Wissenschaft zumuten, wenn diese verständlich dargestellt ist und an konkreten Alltagsbeispielen ausgeführt wird. Daraus ergibt sich für Praktiker eine Einsicht, die nach und nach die eigene Haltung und damit in der Folge auch das eigene Handeln tiefgreifend verändert. So verstanden gibt es tatsächlich „... nichts Praktischeres als eine gute Theorie" (Lewin 1951, S.169).

Beginnen möchte ich mit der Feldtheorie des Sozialpsychologen Kurt Lewin. Diese Theorie betrachtet Verhalten von Menschen immer als ein Wechselspiel von unterschiedlich wirkenden Kräften und erklärt auf diese Weise so wichtige Phänomene wie Lernen, Entwicklung und Erziehung auf eine ganz eigene, bestechend klare Weise. Die Feldtheorie spielt insgesamt in meinem Erziehungskonzept eine zentrale Rolle, denn sie bildet gewissermaßen den Rahmen und das Fundament für das was ich unter Erziehung verstehe. Weitere relevante Theorien werden in diesen Rahmen eingebettet, so dass am Ende ein sehr umfassendes Gesamtbild eines neuen, zeitgemäßen Erziehungskonzeptes entsteht.

Diese „weiteren relevanten Theorien" sehe ich insbesondere in der aus der Psychologie stammenden Selbstbestimmungstheorie von Edward L. Deci und Richard M. Ryan (1993), der Resonanztheorie des Soziologen Hartmut Rosa (2016; 2016a), der systemisch-konstruktivistischen Pädagogik von Kersten Reich (2005) und Horst Siebert (2005), der Klassenführungsforschung von Johannes Mayr (Syring 2016) und in Ansätzen auch dem Hypnosystemischen Ansatz von Milton Erickson (2016).[1] Alle diese Theorien verbindet, dass sie bisher eher in der Wissenschaft und Forschung zur Kenntnis genommen wurden und nur ungenügend auf ihre konkrete Relevanz für die konkrete Erziehungspraxis

1 Auch die **Potentialentfaltungstheorie** des Neurowissenschaftlers Gerald Hüther (z.B. Hüther 2018) würde von ihren Inhalten her gut in diese Reihe passen, allerdings wurde hierzu bereits umfassend veröffentlicht. Insofern handelt es sich nicht wirklich um ein „Geheimnis".

# Die 10 Geheimnisse guter Erziehung

## Kinder und Jugendliche wirklich verstehen

Dr. Dirk Paul Bogner

**Impressum**

Dr. Dirk Paul Bogner

Talstraße 142

73732 Esslingen

Homepage: www.sun-dance-kid.com

Email: dirk.bogner@freenet.de

Umschlaggestaltung: Dirk Bogner unter Verwendung eines Bildes des Fotografen Alexander Lauterwasser (Copyright Alexander Lauterwasser)

Buchsatz: Daniel Morawek

Lektorat: Dr. Wolfgang Deubelius

Zeichnungen: Jens Bogner

hin beleuchtet und übertragen wurden. Weiterhin verbindet diese Theorien, dass sie ungemein dabei helfen, bei der Erziehung ***mit dem Kind und nicht gegen das Kind*** zu arbeiten. Nur so, das ist meine feste Überzeugung, kann sich langfristig ein selbstbestimmter, innerlich gefestigter und stabiler Mensch mit einer eigenen Persönlichkeit und einem gesunden Selbstvertrauen harmonisch und ganzheitlich entwickeln. Genau darum geht es aus meiner Sicht bei der Erziehung. Wie dies gelingen kann, will ich Ihnen im vorliegenden Buch zeigen.

*Ihr*
*Dr. Dirk Bogner*

# DANKSAGUNG

Dieses Buch wäre ohne die graphische und ästhetische Unterstützung meines Bruders, Jens Bogner, nicht in dieser Form möglich gewesen. Seine Zeichnungen an vielen Stellen dieses Buches sind ein ungemein großer Gewinn für dieses Buch. Aus meiner Sicht entsteht auf diese Weise eine rundum gelungene Verbindung von Wissenschaft und Kunst.

Dieses Buch wäre ebenfalls nicht in dieser Form möglich gewesen, wenn mich meine Frau, Renate Bogner, nicht durch Ihre so wunderbar pragmatische, konstruktive und intuitive Art stets aufs Neue aus den Sphären der Wissenschaft herausgeholt hätte.

Dieses Buch wäre auch nicht möglich gewesen, wenn mir meine beiden Töchter, Emma und Lilia, nicht jeden Tag aufs Neue zeigen würden, welchen Wert eine wissenschaftliche Theorie tatsächlich im Alltag von Kindern und Jugendlichen hat.

Danken möchte ich darüber hinaus meinem ehemaligen Kollegen und guten Freund Holger Voggel, sowie dessen Kollegen Klaus Heigle, für Ihre Fotografien, die Sie trotz Ihrer vielen Aufgaben an der Schule für mich angefertigt haben.

Ebenso möchte ich Wolfgang Deubelius für seine kritischen Anmerkungen und die Korrektur des vorliegenden Buches, sowie dem Überlinger Fotografen und Philosophen Alexander Lauterwasser für die Überlassung der Bildrechte meinen Dank aussprechen.

# INHALTSVERZEICHNIS

# I. EINLEITUNG - WAS SIE IN DIESEM BUCH ERWARTET?

Noch ein Erziehungsratgeber? Ist das wirklich notwendig? Gibt es derer - Stand 2019 - nicht wahrlich genug? Ratgeberliteratur scheint ein Zeichen unserer hoch dynamischen Zeit zu sein. Ratgeber für praktisch alle Lebensfragen sind vermutlich eine Begleiterscheinung des Perfektionierungswahns, des überall propagierten lebenslangen Lernens, des wachsenden Konkurrenzdenkens im kollektiven Wettbewerb um sozialen Status und nicht zuletzt eines durch Forschung scheinbar explodierenden Wissenszuwachses, der kaum noch zu überblicken ist. Ratgeberliteratur ist aber auch Ausdruck für eine Sehnsucht nach schnellen, klaren und einfachen Lösungen für komplexe Themen. Diverse Methoden versprechen gerade in unserer beschleunigten Zeit schnelle und effektive Hilfe. Dies gilt ganz generell für Ratgeberliteratur aber im Besonderen für Erziehungsratgeber.

Man könnte die Frage allerdings noch viel grundlegender stellen: Braucht es für Erziehung überhaupt Ratgeberliteratur? Erziehung und kindliche Entwicklung sind doch gewissermaßen „naturwüchsig“ und erfolgen aus sich heraus, quasi von selbst. Die eigenen Eltern sind doch in aller Regel auch ohne Ratgeber ausgekommen. Zugegebenermaßen mal mit mehr, mal mit weniger Erfolg. Heute wie damals gilt aber natürlich ganz sicher: Erziehung kann auch ganz ohne Ratgeberliteratur gelingen! Ja, in nicht wenigen Fällen wäre es sogar wünschenswert, dass Eltern weniger Ratgeber lesen würden und mehr ihrer eigenen Intuition folgen oder aber genauer hinschauen würden: Weder Schlafen, noch Essen, noch Lernen oder Stillsitzen muss man „lernen“, es sind natürliche menschliche Grundbedürfnisse, die sich – bei entsprechender Umgebung - einstellen, wenn die Zeit reif ist. Viele Probleme in der Erziehung entstehen überhaupt erst, weil man dem Kind nicht genügend Zeit gibt, weil man es drängt, weil man seinen eigenen Zeitplan durchsetzen will, notfalls auch gegen das Kind. Das gilt für das Schlafen genauso, wie für die Frage, ob man das Kind einschulen soll oder nicht. In diesen Fällen gilt tatsächlich: Hören Sie weniger auf Experten, Tests oder Methoden, als vielmehr auf Ihr eigenes Gefühl und vor allem auf Ihr Kind. Es ist die feine Kunst der Erziehung, mit dem Kind zu „arbeiten" und nicht gegen das Kind. In alledem wird bereits etwas sichtbar: Mit Ruhe, Geduld, einem guten Gespräch, einer genauen Beobachtung und der Gestaltung einer förderlichen Umgebung erreicht man unendlich viel in der Erziehung. Das könnte gewissermaßen schon als ein grundlegendes Geheimnis guter Erziehung betrachtet werden, und die großen Probleme der Erziehung lassen sich damit wunderbar lösen. Allerdings, und das macht die Schwierigkeit in der Erziehung aus, kommt es ganz entscheidend auf den richtigen Zeitpunkt an, denn nicht immer und allem ist mit Ruhe und Geduld beizukommen.

Überhaupt spielt – wie ich im Buch ausführlich darstellen werde - der richtige Zeitpunkt eine ganz entscheidende Rolle in der Erziehung. Ratgeber jedoch setzen gerne auf Methoden, die sozusagen, das ***Kind vom Subjekt zum Objekt*** machen, das man entsprechend der eigenen Bedürfnisse ***jederzeit*** zum gewünschten Verhalten führen kann. Gewissermaßen hat sich in einem solchen Fall eine Besitzbeziehung zwischen Kind und Eltern herausgebildet, die auf lange Sicht große Probleme erzeugen wird. Ich spreche in diesem Zusammenhang immer gerne vom Phänomen des „dressierten Zirkuspferdes", das zwar vielleicht äußerlich gewünschtes Verhalten zeigt, aber innerlich mit Nichten irgendeine wünschenswerte und nachhaltige Entwicklung durchlaufen hat. Genau um diese innere nachhaltige Entwicklung beim Kind jedoch geht es bei der Erziehung tatsächlich. Was äußerlich im konkreten Verhalten des Kindes sichtbar wird, ist zunächst weit weniger entscheidend, als die weniger deutlich sichtbare innere Haltung des Kindes. Ich meine damit, dass es in der Erziehung nicht darum gehen darf, dass das Kind – äußerlich betrachtet - brav die Hand zur Begrüßung oder zum Abschied gibt, einem vielleicht sogar in die Augen schaut, wenn es dies nur tut, weil „man" das von ihm erwartet. Dieser Blick wird dann mechanisch und leer sein, wenn es nicht bereits die nächste Stufe der Dressur erreicht hat, die darin besteht, auch noch im Blick vorzutäuschen, dass es ein wohlerzogenes Kind ist. Entscheidend ist vielmehr, dass man einem solchen Kind nicht wirklich begegnet. Man schaut gewissermaßen durch das Kind hindurch. Genau um diese Begegnung aber geht es in der Erziehung eigentlich. Auch dies, die ***echte Begegnung*** als Voraussetzung für Beziehung, ist neben dem ***richtigen Zeitpunkt*** und einer ***förderlichen Umgebung*** ein zentrales Geheimnis für gelingende Erziehung und auch darum wird es in diesem Buch gehen.

Das Kind begegnet im Leben nicht nur Menschen, sondern auch Dingen, Phänomenen und Problemen und auch hier begegnen wir einem ganz ähnlichen Phänomen: Das Kind kann in bestimmten Bereichen ganz wunderbar kompetent sein, aber es erledigt die Dinge ohne innere Beteiligung. Es hat in der Schule gelernt, interessiert zu schauen, aber es ist innerlich nicht wirklich berührt. Der Blick ist leer und dressiert und Ausdruck eines leeren dressierten, teilnahmslosen Kindes, das eben keine Beziehung zum Gegenüber, ob Mensch oder Ding, Phänomen oder Problem, aufgebaut hat. Für die Schule mag das reichen, für ein erfülltes Leben jedoch nicht. Das sind nur einige Beispiele, es ließe sich an mannigfachen weiteren Beispielen aufzeigen und ich werde auch dies mit Hilfe der Resonanztheorie von Hartmut Rosa (2016) im Verlauf dieses Buches noch ausführlicher darstellen.

In allem bisher gesagten deutet sich bereits die Richtung an, in die wir uns in diesem Buch bewegen werden: Eine einzelne Methode ist nicht die Lösung, die ich ihnen in diesem Buch anbieten werde. Insofern handelt es sich bei dem hier vorliegenden Buch gar nicht um einen klassischen Erziehungsratgeber. Was ich ihnen vielmehr als Lösung anbieten möchte unterscheidet sich in vielerlei Hinsicht erheblich von den gängigen Erziehungsratgebern. Ich biete ihnen keine neue Erziehungsmethode an, die das Kind wieder nur zum Erziehungsobjekt, zu einem Gegenstand, machen würde. Kinder und gerade Jugendliche durchschauen solche Versuche sofort. ***Ich will sie vielmehr in die Lage versetzen, hinter die Kulisse von Lern-, Entwicklungs- und Erziehungs-***

***prozessen zu blicken.*** Jede Erziehung beginnt mit einem gründlichen Verständnis des Kindes. Auf dieser Grundlage entsteht eine echte Beziehung zwischen Ihnen und Ihrem Kind. Bildlich gesprochen möchte ich mit Ihnen zu allererst einen Aussichtsturm besteigen und gemeinsam blicken wir hinunter auf das Alltagsgeschehen von Eltern und ihren Kindern. Wir müssen uns zunächst mehr Klarheit über die tatsächliche Situation verschaffen, ehe wir daran gehen können, dieses Geschehen in eine bestimmte Richtung zu beeinflussen. Die im Folgenden dargestellten „Geheimnisse" zielen genau auf diese Klarheit ab. Sie werden hierbei eine ähnlich große Wirkung erzeugen wie die Scheibenwischer ihres Autos an einem verregneten Tag.

Unser Ziel in diesem Buch wird es nicht sein, an der Oberfläche von Verhalten zu kratzen und dieses hier und da durch „vermeintliche Erziehung" ein wenig in eine gewünschte Richtung zu verändern („jetzt kann mein Kind schlafen, jetzt muss es als nächstes lernen, still zu sitzen und seine Hausaufgaben selbständig zu machen usw."), sondern uns interessieren die tiefer liegenden Schichten des kindlichen Verhaltens. Die wiederkehrenden Strukturen und Muster des kindlichen Verhaltens zu verstehen und aus diesem Verständnis heraus zu handeln, das ist unser Ziel. Mit diesem Verständnis werden Sie nicht mehr über einzelne Entwicklungsschritte bzw. – probleme und -aufgaben nachdenken müssen, sondern Sie werden das größere Ganze sehen.

**!**

Das Wissen, das ich Ihnen hier zugänglich machen möchte, wird ihre Einsicht und damit ihre Haltung und in der Folge auch ihr Handeln tiefgreifend verändern. Ich bin der festen Überzeugung, dass nur Erkenntnis, das Durchschauen von Zusammenhängen, ungünstige Verhaltensmuster von Erziehenden und Kindern verändern kann und zwar nicht oberflächlich und kurzfristig, sondern tiefgreifend und nachhaltig. Genau dies ist das Ziel dieses Buches.

Feste Erziehungsmethoden gehen hierbei praktisch immer den umgekehrten Weg. Sie zielen direkt auf das Handeln des Erziehenden ab, verändern dabei aber in aller Regel weder Haltung noch Einsicht dieses Handelnden, mit der Folge, dass sie selten langfristig irgendetwas im Gegenüber verändern. Hat sich hingegen Ihre Einsicht verändert, so verändert sich auch Ihre Haltung mit der unschätzbaren langfristigen Konsequenz, dass Sie fortan niemanden mehr brauchen, der Ihnen sagt, was Sie jetzt zu tun haben. Sie brauchen keinen Experten mehr, der Ihnen eine gesonderte Methode „verkaufen" will, um den wie auch immer gearteten Herausforderungen bei der Erziehung zu begegnen, seien es nun die Trotzphase oder die Pubertät, Schulangst, Schlafprobleme oder rebellierendes Verhalten. Mit dem hier vorliegenden Buch werden Sie selbst dieser Experte. Ihre Haltung wird sich tiefgreifend verändern und damit in Konsequenz, wie Sie diesen Phänomenen begegnen und wie Sie darauf reagieren. Und ihre veränderte Reaktion im Hier und Jetzt, die nun auf Einsicht beruht, wird das Verhalten Ihres Kindes verändern und damit Wirkung für die Zukunft haben. Genau dies erreicht Ratgeberliteratur häufig nicht, weshalb man meist vom einen zum nächsten Ratgeber springt bzw. springen muss.

Es handelt sich andererseits aber bei dem hier vorliegenden Buch auch keinesfalls um ein Theoriebuch bzw. noch schlimmer, einen „Theorieschinken". Ich bewege mich vielmehr in der, aus meiner Sicht, goldenen Mitte zwischen guter Theorie und wirkungsvoller Praxis. Beides muss gut miteinander verzahnt werden, damit es seine Wirkung entfalten kann. Ich realisiere dies in diesem Buch auf zwei Weisen: Erstens beziehe ich die Theorie immer so direkt wie möglich auf konkrete alltägliche Erziehungssituationen. Diese können jeweils als ein exemplarisches Beispiel betrachtet werden. Zweitens möchte ich Sie in Form von Denk- und Beobachtungsaufgaben zum selbst aktiv werden einladen. Genau darauf zielen die verschiedenfarbigen Kästen im Verlauf des Buches ab. Diese Kästen sind jeweils mit wiederkehrenden Symbolen versehen und haben folgende Bedeutung:

| | |
|---|---|
|  | Merkkästen, die besonders wichtige Passagen hervorheben |
| 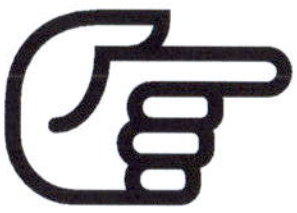 | Leitsätze der Erziehung |
|  | Denk- und Beobachtungsaufträge |

*Abb. 1: Legende*

Auf die mit einem Ausrufezeichen versehenen Merkkästen können Sie immer wieder schnell zurückkommen. Ebenso auf die mit einem Fingerzeig versehenen Kästen mit den Leitsätzen der Erziehung. Sie stellen gewissermaßen plakative Zusammenfassungen und Merkhilfen dar. Die mit einem Kopf versehenen Kästen mit den Denk- und Beobachtungsaufträgen wiederum zielen darauf ab, Ihnen dabei zu helfen, ihre bisherige Praxis genauer in den Blick zu nehmen und gegebenenfalls auch zu überdenken.

Kurzum: Es handelt sich hier um ein interaktives Buch. Ich möchte Sie zum Überprüfen, zum Experimentieren, zum selbst Beobachten und Ausprobieren auf der Grundlage fundierter Theorien animieren. Gewissermaßen möchte ich Sie zu einem Forschenden und wieder Lernenden in Sachen Erziehung machen. Es ist wie in der Schule: Die besten Lehrer sind diejenigen, die sich nicht als Besserwisser und Alleswisser verstehen, sondern selbst als Lernende, Forschende und Experimentierende. Schüler spüren das sofort, denn in diesen Lehrern brennt selbst noch das Feuer der Neugier.[2] Diese Lehrer sind bildlich gesprochen immer noch selbst auf dem Weg und wähnen sich nicht besserwisserisch bereits am Ziel. Wir wiederum machen uns mit diesem Buch auf den Weg. Fehler machen als Ausgangspunkt für unser Lernen gehört dazu, ja es ist sogar ausdrücklich erwünscht. Fehler zu machen gehört zu jedem guten Lernprozess. Wer schon alles weiß, wer unfehlbar ist, hat aufgehört zu lernen und ist nicht mehr auf dem Weg. Auch das spüren Kinder und Jugendliche sofort und nicht selten reagieren sie geradezu allergisch auf eine solche Grundhaltung bei Erwachsenen. Diese Grundhaltung wiederum ist bereits ein weiteres wichtiges Geheimnis gelingender Erziehung und sie wird zu einem späteren Zeitpunkt nochmals eine wichtige Rolle spielen.

In gewisser Weise bewege ich mich bereits an dieser Stelle auf den Spuren des Sozialpsychologen Kurt Lewin, der neben vielem anderen auch die sogenannte „Aktionsforschung" geprägt hat, bei der es darum geht, dass Forschung etwas ist, das nicht nur von Forschern für Forscher praktiziert wird, sondern von Praktikern für Praktiker (vgl. Lewin 1952, 1953). Forschen tun wir alle letztlich vom ersten Tag unseres Lebens an. Wir beobachten auf der Grundlage unseres Wissens Dinge, haben Ideen und Vermutungen und diese überprüfen wir durch unser Handeln auf ihre Wirkungen. Wir stellen auf diese Weise Hypothesen und Regeln auf, verwerfen diese wieder oder verändern sie, stets mit dem Ziel unser Handeln wirksamer zu machen. Ganz ähnlich würde ich mir eine Auseinandersetzung mit diesem Buch wünschen. Mit den hier vorgestellten Geheimnissen und Theorien will ich Ihr Wissen erweitern und ihnen dabei helfen, ihr Erziehungshandeln wirksamer zu machen. Vor diesem Hintergrund werden Sie neue Perspektiven auf Ihr Kind gewinnen und Ihre Beobachtungen werden andere, werden reichere sein. Dies wiederum wird Sie nach und nach in die Lage versetzen, noch passgenauer auf

---

2 Schon Johan-Gottfried Herder erkannte dies, wenn er auf Folgendes verwies: „Ohne Begeisterung schlafen die besten Kräfte unseres Gemüths, […] Es ist ein Zunder in uns, der Funken will." (Herder 1844, S.1099).

die unterschiedlichsten Erziehungssituationen zu reagieren. Ich nenne genau das ***Situatives Erziehen***, das nach und nach zu einer Art ***Intuitivem Erziehen*** wird.

Und noch ein letztes zur Form dieses Buches: Sie werden vielleicht bereits gemerkt haben, dass ich, an Stellen, an denen ich mich direkt auf Theorien beziehe, mit exakten Quellenangaben arbeite. Das ist in der Wissenschaft so üblich und aus meiner Sicht auch unerlässlich. Was ich in Erziehungsratgebern häufig vermisse, sind genau diese Quellenangaben, die zugegebenermaßen das Lesen nicht unbedingt bequemer machen[3], was aber andererseits die Nachprüfbarkeit für den Leser unmöglich macht. Meine Argumentation in diesem Buch wird wissenschaftlich sauber durch Quellenangaben begründet. Ich verstehe das auch als Ausdruck meiner Haltung zum Leser. Der interessierte Leser kann dadurch an angegebenen Stellen tiefer gehen, er kann auch das angebotene Denken überprüfen. Mein eigenes Denken über Erziehung hat sich aus der Auseinandersetzung mit anderen Denkern herausgebildet, und ich bin diesen Vordenkern dankbar für ihre Inspiration. Quellenangaben sind auch Ausdruck dieser Dankbarkeit.

Bereits in dieser Einleitung deuteten sich drei Geheimnisse guter Erziehung an. Diese beschreiben eher die grundsätzliche innere Haltung und den Rahmen, in dem Erziehung stattfinden sollte. Wir halten sie an dieser Stelle dennoch fest, wenden uns im nun folgenden Kapitel aber zunächst dem Herzstück dieses Buches, dem Verständnis kindlichen Verhaltens als Grundlage für erzieherisches Handeln, zu.

---

3 Sie werden im Verlauf des Buches aber auch merken, dass man sich im Leseprozess schnell an diese Quellenangaben gewöhnt und flüssig darüber hinweglesen kann, wenn dies gewünscht ist.

Wir halten bis hierher folgende erste Leitsätze der Erziehung fest:

- ✓ Ruhe, Geduld, die richtige Umgebung und der richtige Zeitpunkt spielen in der Erziehung eine entscheidende Rolle.
- ✓ Echte Kind-Erwachsenen-Beziehungen (Subjekt-Subjekt-Beziehungen) sind in der Erziehung von absolut zentraler Wichtigkeit. Das Kind darf nicht zum „Erziehungsobjekt" werden. Mit dem Begriff des „Objektes" meine ich hier unbelebte Gegenstände, die über keinen eigenen Willen, keine Ängste, Sehnsüchte oder Träume verfügen. Über ein Objekt wird verfügt, es wird verwendet und benutzt. Ein „Subjekt" hingegen ist immer belebt. Ein „Subjekt" wünscht, es fürchtet, es träumt, es ist aktiv in seinem Verhalten.
- ✓ Gründliches Verstehen steht vor jeder Handlung.
- ✓ Kein Erziehender ist unfehlbar. Sie machen Fehler und dazu dürfen und können Sie auch stehen.

# II. AUSGANGSLAGE – DER KINDLICHE LEBENSRAUM IM 21. JAHRHUNDERT

Kinder und Jugendliche besser zu verstehen, das ist das Anliegen dieses Buches und ehe wir uns im nächsten Kapitel ganz ausführlich mit kindlichem Verhalten beschäftigen wollen, soll an dieser Stelle doch zumindest kurz auf den Hintergrund, beziehungsweise den Zeitgeist, eingegangen werden, der meines Erachtens prägend für unser 21. Jahrhundert ist. Kindliche Entwicklung und Erziehung findet nicht im luftleeren Raum statt, sondern wird entscheidend geprägt durch gesellschaftliche Entwicklungen, durch Werte und Normen, die in einer bestimmten Gesellschaft zu einer bestimmten Zeit als besonders relevant gelten. Ob wir diese Entwicklungen, diese Werte und Normen schätzen oder kritisieren, wir müssen uns dazu verhalten und positionieren. Gerade auch in der Erziehung. Ich gehe in diesem Buch von folgender zentralen These aus: Wer Kinder versteht, ist bei der Erziehung eindeutig im Vorteil. Wer jedoch Kinder verstehen will, muss sich mit Ihrem Lebensraum und den hier wirkenden Kräften beschäftigen. Diese Kräfte wirken auf unsere Kinder, ob wir wollen oder nicht und wir müssen uns dazu verhalten. Wer erzieht, muss sich darüber hinaus aber auch mit den kindlichen bzw. jugendlichen Wünschen und Träumen, ihren Ängsten, ihren Sichtweisen und Gedanken beschäftigen. Er muss gewissermaßen verstehen, wie das eigene Kind „tickt"[4]. Schauen wir uns also diesen kindlichen Lebensraum an dieser Stelle etwas genauer an.

Erziehung im 21. Jahrhundert ist eine echte Herausforderung: Wurzeln verleihen und Flügel, Orientierung gewähren, Halt geben, Werte vermitteln und die eigenen Kinder auf ein Leben in einer Gesellschaft vorbereiten, die sich beständig und rasant verändert. Der Soziologe Hartmut Rosa spricht, aus meiner Sicht sehr treffend, übergreifend von einer

4 Sinus-Jugendstudie (vgl. Calmbach et al. 2012)

„beschleunigten Gesellschaft“ (2005) und meint damit, eine Gesellschaft, die - bedingt durch insbesondere tiefgreifenden technologischen Fortschritt - geprägt ist, von veränderten Beziehungen der Menschen zu Dingen und anderen Menschen. Rosa spricht hier verallgemeinernd von veränderten „Weltbeziehungen“ (vgl. 2016). Er meint damit unsere Beziehungen zur Welt, die aufgrund der Beschleunigung die Tendenz hätten, oberflächlicher zu werden. Wir springen von einer Tätigkeit, von einer Beschäftigung, zur nächsten und lassen uns nur noch wenig Zeit für tiefergehende Begegnungen. Man denkt hier unweigerlich an den Begriff des „Multitasking“. Rosa führt diese Beschleunigung am Beispiel Kochen exemplarisch aus (vgl. Rosa 2005, S.199-213), wenn er etwa darauf verweist, dass die anwachsenden Regale mit Fertiggerichten in Supermärkten sinnbildlich dafür stehen. Kochen und essen waren früher oft mehrstündige Beschäftigungen und eine Hauptbeschäftigung des täglichen sozialen Lebens. Mit der Welt in Resonanz[5] zu gehen, ist das, was Rosa dieser Beschleunigung quasi als wünschenswerte Alternative entgegenhält (vgl. Rosa 2016). Resonanz wiederum benötigt Zeit: Sich auf die Dinge und Menschen einzulassen, ihnen Zeit zu widmen und zu geben, so dass Resonanzen, also echte „Schwingungen“, entstehen können, das scheint die große Herausforderung unserer Zeit zu sein. Insbesondere für die kindliche Entwicklung, Erziehung und Bildung ist die von Rosa beschriebene Beschleunigung eine große Herausforderung. Dies wird besonders augenfällig, wenn man einen weiteren großen Denker der Aufklärung hinzuzieht: Auch der Sozialphilosoph Jean-Jacques Rousseau, hatte den Zusammenhang von Zeit und guter Erziehung bereits erkannt, wenn er im 12. Kapitel seines Erziehungsromans „Émile oder über die Erziehung“ (1762/2003) folgendes formulierte: „Soll ich es wagen, an dieser Stelle die erste, wichtigste und nützlichste Regel aller Erziehung auseinander zu setzen? Sie besteht nicht darin, Zeit zu gewinnen, sondern Zeit zu verlieren.“ Nicht der

5 Resonanz ist eigentlich ein Begriff aus der Akustik und meint, in Schwingung gehen. Eine Gitarre braucht einen Resonanzkörper um die Schwingung einer Seite in einen hörbaren Ton zu verwandeln.

frühe Vogel fängt demgemäß den Wurm, sondern der geduldige und ausdauernde. Dies im kindlichen Lebensraum des 21. Jahrhunderts zu realisieren, erscheint geradezu als Herkulesaufgabe, weil überall, gerade auch in der Schule, der Effizienzgedanke vorherrscht, der das Ziel des immer schneller, immer höher, immer weiter propagiert. In möglichst kurzer Zeit, möglichst viel erreichen, das ist das Credo unserer Zeit.

Wie kann Erziehung in einem solchen Zeitgeist gelingen? In einer Welt, in der Wissen zudem immer schneller generiert wird? In der andererseits allerdings auch Wissen immer schneller veraltet? Wie kann Erziehung ganz generell gelingen in einer Welt die heute – Stand 2019 – doch zunehmend heiß zu laufen scheint und fragiler denn je wirkt. Eine Welt, die geprägt ist von spannungsgeladenen Dualismen: Wirtschaftliche Entwicklung versus Ökologie, Nachhaltigkeit versus Gewinnmaximierung, Elitenbildung versus zunehmende Armut in verschiedenen Bevölkerungsschichten, Nationalismus versus Globalisierung, dem Wunsch nach sozialem Aufstieg und gleichzeitig der Frucht vor sozialem Abstieg. Dies sind nur einige prägende Gegensätze des gesellschaftlichen Diskurses, man könnte viele weitere finden. Die Fronten erscheinen zunehmend verhärtet und einfache Lösungen - etwa gar im Sinne eines weiter so oder eines entweder oder - für die globalen aber auch die nationalen und regionalen Probleme erscheinen aufgrund der Verwobenheit und Komplexität der verschiedenen Aspekte nicht in Sicht. Diese natürlich sehr vereinfachte Ausgangslage stellt unsere Lebenswelt natürlich nur unzureichend dar, aber sie verdeutlicht vor welchem Hintergrund Eltern im 21. Jahrhundert ihre Kinder erziehen. Und sie verdeutlicht auch, in welcher Welt, in welchem Lebensraum unsere Kinder und Jugendlichen heute aufwachsen.

Veränderungen in der Gesellschaft verändern auch die Lebensumwelt, in der Kinder und Jugendliche heute aufwachsen. Eine Gesellschaft, die im Falle von Industrienationen geprägt ist von Konsum, von Leistungsdruck und Leistungsmaximierung, von Gewinnsteigerung, von Digitalisierung etc. verändert massiv die Kräfte, die auf Kinder und

Jugendliche heute einwirken. Wie massiv diese Veränderungen sind, kann man sich leicht daran vergegenwärtigen, dass man sich nur für einen Augenblick gedanklich in die Zeit seiner eigenen Kindheit und Jugend zurückversetzt. Eine Zeit, die sicherlich auch bereits geprägt war vom Leistungsgedanken und Konsum, die allerdings ohne soziale Netzwerke, ohne flächendeckendes Internet, ohne Mobiltelefone, ohne Chatgruppen, ohne Navigation, je nach Jahrgang möglicherweise mit drei Fernsehprogrammen weitaus entschleunigter und begrenzter, ja in gewisser Weise auch standardisierter, „daherkam" und für Kinder und Jugendliche in Gestalt des Bolzplatzes oder des Lagers im Wald weitaus mehr Möglichkeiten einer realen „Weltflucht" bot, als dies für die heutige Jugend möglich ist. Offline sein, bedeutet heute für viele Jugendliche eine Art sozialer Isolation bzw. Exklusion und für viele Jugendliche bedeutet gerade dies in dieser Altersphase eine echte Strafe. Kurzum: Die Einflüsse, die Kräfte, die auf uns - die heutige erziehende Elterngeneration – als Kinder und Jugendliche einwirkten, waren weitaus begrenzter als für unsere heutigen Kinder und Jugendlichen.

Schon hier deutet sich an, das Gesamtklima ist heute meines Erachtens nach ein fundamental anderes als zu unseren Kinder- und Jugendzeiten. Auch Hartmut Rosa beschreibt dies sehr gelungen in seiner neuesten Veröffentlichung, wenn er darauf verweist, „... dass die Mehrzahl der Eltern in den sogenannten entwickelten Gesellschaften nach ihrer eigenen Auskunft nicht mehr von der Hoffnung motiviert wird, dass es die Kinder einmal besser haben mögen als sie selbst, sondern von dem Verlangen, alles zu tun, was sie irgend können, *damit es ihnen nicht schlechter geht*" (Rosa 2019, S.16; Hervorhebung im Original). Wenn wir dieser Einschätzung Glauben schenken, dann haben wir ganz offensichtlich auch in der Erziehung die Grenzen des Wachstums[6] erreicht. Das hat weitreichende Konsequenzen auf den Erziehungsprozess, die meines Erachtens bisher kaum beleuchtet werden.

6 Ich spiele damit auf den 1972 veröffentlichten „Bericht des Club of Rome zur Lage der Menschheit" (Forrester 1972) an.

Es gibt in der jüngeren Vergangenheit verschiedene Studien, die sich mit den Wirkungen einer veränderten Lebenswelt auf Jugendliche beschäftigen. Zu nennen wären hier die Shell-Studie 2010 (vgl. Albert et al. 2010), die Sinus-Jugendstudie 2012 (vgl. Calmbach et al. 2012) oder die AID:A-Studie (vgl. Rauschenbach et al. 2012). Es handelt sich hierbei um Studien, die ein klareres Bild von „den Jugendlichen" zu gewinnen versuchen. So zeigt beispielsweise die große Sinus-Jugendstudie von 2012, die die Lebenswelt der 14-17-Jährigen untersucht, dass Jugendlichen in einer Leistungsgesellschaft wie der unseren sehr wohl bewusst ist, dass der Wert eines Menschen insbesondere von seiner Leistungsfähigkeit abhängig ist (vgl. Calmbach et al. 2012). Vielen Jugendlichen ist bewusst, dass es in einer Leistungsgesellschaft auch darum geht, effizient zu sein, d.h. keine Zeit zu verlieren (vgl. ebd.).

Man denkt auch hier wieder unweigerlich an den Soziologen Hartmut Rosa, der, wie gerade ausgeführt, unsere Gesellschaft als „Beschleunigungsgesellschaft" beschreibt, in der es ja ebenfalls letztlich darum geht, Zeit zu gewinnen, um immer mehr in immer kürzerer Zeit zu „erleben" oder zu erledigen, was jedoch für Rosa letztlich mit einem Gefühl des „gehetzt seins" und damit einer veränderten Beziehung zu den Menschen und Dingen unserer Lebenswelt einhergeht (vgl. Rosa 2005; 2016). Eine Möglichkeit, Zeit zu gewinnen besteht letztlich darin, die Dinge immer schneller oder mehrere Dinge gleichzeitig zu tun, was jedoch unweigerlich mit der Nebenwirkung einhergeht, dass sich unsere Beziehungen zu diesen Dingen verändern, denn es besteht die große Gefahr, dass wir uns immer weniger auf die Menschen und Dinge einlassen (vgl. ebd.).

Jugendliche geben in der Sinus-Jugendstudie auch an, dass ihrer Meinung nach die „klassischen Sozialisationsinstanzen", also die Schule, die Familie oder die Vereine immer weniger in der Lage sind, auf die eigene Zukunft vorzubereiten (vgl. Calmbach et al. 2012). Dies wiederum bringt meines Erachtens durchaus ein gewisses Misstrauen, den

Erwachsenen gegenüber, zum Ausdruck. Offensichtlich fühlen sich die Jugendlichen mehrheitlich nicht mehr richtig von den Erwachsenen verstanden. Man könnte an dieser Stelle auch von einem gewissen Maß an Entfremdung sprechen. Ein Indiz dafür könnte man in den momentan viel diskutierten Fridays for Future Demonstrationen sehen. Jugendliche nehmen ihre Zukunft selbst in die Hand, weil sie sich von den Erwachsenen nicht mehr richtig verstanden und vertreten fühlen. Dies würde auch zu einem weiteren Befund der Sinus-Jugendstudie passen, dass sich nämlich Jugendliche insgesamt in der Altersgruppe von 14-17 Jahren immer mehr als „Mini-Erwachsene" betrachten (vgl. Calmbach et al. 2012). Sie entwickeln ihre eigenen Werte und Normen (ebd.), die offensichtlich auch durch soziale Medien ganz wesentlich mitbestimmt werden (vgl. ebd.). Hier enden jedoch zumindest in der Sinus-Jugendstudie die Gemeinsamkeiten der Jugendlichen untereinander. Wie sie zu Bildung, zu Konsum, Materialismus und Lebenszielen stehen, an welchen Werten und Normen die Jugendlichen dann ihr Handeln konkret ausrichten, kann nicht mehr für alle Jugendlichen gleichermaßen formuliert werden, weil das wiederum entscheidend von ihrem Herkunftsmilieu, also den Eltern, abhängt (vgl. Calmbach et al. 2012).

Das alles beschreibt – natürlich sehr verkürzt - den allgemeinen Hintergrund, das Gesamtmilieu, in dem Entwicklung und Erziehung heute stattfindet. Selbstverständlich wirkt dies nicht in gleicher Weise auf alle Jugendlichen, sondern jeweils bedeutsam sind die individuellen Milieus und die Momentanmilieus. Dennoch bin ich der Meinung, diese durchaus schwierige Ausgangslage muss einmal deutlich in den Blick genommen werden, denn wie oft hören wir, wie einfach und schön es die heutige Jugend doch habe (gerne von Großeltern geäußert, deren Werte als Nachkriegsgeneration wesentlich von materieller Sicherheit und auch Konsum geprägt sind), wie viele Möglichkeiten ihnen heute doch offenstehen würden. Möglichkeiten von denen die Elterngeneration aber vor allem die Großelterngeneration nur träumen konnte. Gerade die Großeltern berichten häufig von ihren schwierigen Verhältnissen, dem Mangel, den durchaus viele noch ganz physisch am eigenen

Leib in der Nachkriegszeit erlebt haben. Es geht mir an dieser Stelle gar nicht darum, diesen Mangel abzuwerten oder in Frage zu stellen oder die unterschiedlichen Zeiten gegeneinander aufzuwiegen, sie sind schlichtweg zu verschieden. Aber zumindest ein vergleichender Gedanke sei an dieser Stelle gestattet: Vielleicht hat gerade der Mangel und die begrenzten Möglichkeiten der Eltern aber vor allem der Großelterngeneration psychologische Freiräume geschaffen, die für das Aufwachsen und die Entwicklung eine durchaus in vieler Hinsicht bessere Ausgangslage geschaffen hat, als dies in der heutigen Zeit, wie sie hier beschrieben wurde, der Fall ist.

# III. Herzstück guter Erziehung: Geheimnisse kindlichen und jugendlichen Verhaltens

## A. Ein Blick hinter die Kulissen

Es ist von unschätzbarem Wert in der Erziehung, wenn die Erziehenden ein gründliches Verständnis des momentan beobachtbaren kindlichen oder jugendlichen Verhaltens entwickeln. **Was tut das Kind warum? Bzw. was tut das Kind nicht und warum nicht?** Das sind die entscheidenden Fragen, die sich jeder Erziehende stellen sollte, bevor er direkt auf das Kind einwirkt. Ohne dieses Verstehen des Verhaltens gleicht Erziehung einem Gespräch zwischen zwei Menschen, die unterschiedliche Sprachen sprechen. Sie werden an dieser Stelle wahrscheinlich völlig zu Recht sagen, natürlich verstehe bzw. kenne ich mein Kind, ich weiß genau wie es „tickt". Niemand kennt das eigene Kind besser als diejenigen, die es vom ersten Tag an begleitet haben. Ich verspreche Ihnen dennoch, Sie werden nach den im Folgenden behandelten zehn Geheimnissen, die die Grundlage für mein Erziehungskonzept des ***Situativen Erziehens*** darstellen, Ihr Kind und wie es sich verhält nochmals mit anderen Augen sehen. Sie werden durch den „Blick hinter die Kulissen" Ihr Kind nochmals besser verstehen.

Dieser Blick hinter die Kulissen kindlichen Verhaltens wird insbesondere durch eine Theorie möglich, die mich seit Jahren fesselt und die in meinen Augen einige der zentralen Geheimnisse kindlichen Verhaltens auf besonders eindrückliche Weise verstehbar macht. Es handelt sich um die selbst in der Erziehungswissenschaft weitestgehend unbeachtete Feldtheorie des Sozialpsychologen Kurt Lewin. Warum diese Theorie in der Erziehungswissenschaft übergangen wurde, lässt sich hier an dieser Stelle nicht in der gebotenen Kürze darstellen. Ich habe das an anderer

Stelle sehr ausführlich getan (Bogner 2017). Hier nur so viel: Lewin war mit seinem Denken seiner Zeit schon damals in vielerlei Hinsicht sehr weit voraus (vgl. Bogner 2017, S.21) und er ist es in zentralen Punkten seiner Theorie noch heute (vgl. ebd.).

Kurt Lewin war bis 1932/33 Professor für Psychologie am Institut für experimentelle Psychologie an der heutigen Humboldt Universität zu Berlin und wurde von zahlreichen Kollegen als so etwas wie ein kommender Einstein der Psychologie betrachtet (vgl. Lück 2001). Es kam allerdings anders. Durch die Machtergreifung der Nationalsozialisten war er gezwungen, Deutschland zu verlassen und emigrierte in die USA (vgl. Marrow 2002). Dort lehrte er an verschiedenen Universitäten als Professor und forschte insbesondere für das bis heute in der Sozialforschung vermutlich weltweit renommierteste Forschungsinstitut, das MIT (Massachusetts Insitute of Technology) (vgl. Marrow 2002). Leider verstarb er jedoch bereits im Jahre 1947 überraschend mit nur 57 Jahren und wurde in Deutschland schnell vergessen (vgl. Bogner 2017, S.484). Er kann trotz seines viel zu frühen Todes bis heute als einer der einflussreichsten Psychologen unserer Zeit betrachtet werden (vgl. z.B. Lück 2001): Er war der Begründer und Pionier der Motivationspsychologie (Was treibt uns Menschen an?), der Gruppendynamik (Welche Rolle spielt die Gruppe für menschliches Verhalten?) sowie der Erziehungs- und Führungsstilforschung (Welche Wirkungen hat ein autoritärer, ein demokratischer oder ein laisser-faire Führungsstil auf das Verhalten von Kindern und Jugendlichen?). Alle diese Themen sind von absolut entscheidender Bedeutung in der Erziehung und Entwicklung von Kindern und Jugendlichen. Was bisher kaum bekannt war, ist die Tatsache, dass hinter allen diesen gerade für die Erziehung so bedeutsamen Forschungsgebieten ein und dieselbe Theorie, nämlich die sogenannte ***Feldtheorie***, steht (vgl. hierzu insgesamt Bogner 2017).

Diese Theorie spielt für neun der zehn folgenden Geheimnisse in diesem Kapitel eine absolut zentrale Rolle. Ich will Ihnen die Feldtheorie in diesem Kapitel in ihren zentralen Aussagen für den Erziehungsprozess verständlich machen, weil sie ungemein dabei hilft, kindliches Verhalten zu verstehen. In gewisser Weise werden Sie hierdurch zu einer Art „Kinderflüsterer" werden, insbesondere dann, wenn Sie sich die Zeit nehmen und die jeweiligen kleinen Arbeitsaufträge in den Kästen über einen gewissen Zeitraum ausführen. Diese Übungen helfen Ihnen dabei, praktische eigene Erfahrungen mit dieser Theorie zu machen und hierdurch diese Perspektive nach und nach zu verinnerlichen. Diese Herangehensweise bietet sich deshalb an, weil nichts so nachhaltig auf uns einwirkt, wie das eigene Erfahrungslernen.

Wenn ich hier den Begriff des „Kinderflüsterers" verwende, dann denke ich als Mittvierziger natürlich an die Romanverfilmung von Nicholas Evans Kinoerfolg „Der Pferdeflüsterer", die 1998 zu einem großen Kinoerfolg wurde. Diese Romanverfilmung mit Robert Redford in der Hauptrolle, die zwar offensichtlich Fiktion ist, allerdings hinsichtlich der Art mit Pferden zu kommunizieren auf den Methoden wahrer Personen basiert[7], hatte mich schon damals, obwohl ich mit Pferden nie sonderlich viel am Hut hatte, fasziniert. Auch wusste ich damals nichts über Kurt Lewins Feldtheorie. In gewisser Weise ist das was ich Ihnen im Folgenden anbieten möchte in vielerlei Hinsicht durchaus eine Anspielung und Übertragung, dieser gewaltfreien Art der Kommunikation auf Kinder. Ich könnte auch umgekehrt formulieren und sagen: Tatsächlich war der Pferdeflüsterer im Film eigentlich ein ausgewiesener Feldtheoretiker, der es in außergewöhnlicher Weise verstand, die Kräfte im Feld (des Pferdes aber auch der Menschen) zu identifizieren und zu lesen und entsprechend damit umzugehen. Genau dies ist - auf Kinder übertragen - in diesem Kapitel auch unser Ziel.

---

7 Unklar ist allerdings ob dies nun Monty Roberts, Tom Dorrance, Ray Hunt oder Buck Brannaman sind (vgl. https://de.wikipedia.org/wiki/Der_Pferdeflüsterer; online am: 8.2.2019 um 17.35 Uhr).

Offensichtlich hat die Faszination des Pferdeflüsterers nicht nur mich ergriffen, heute hört man von „Hundeflüsterern“, ja sogar von „Bienenflüsterern“ liest man gelegentlich. Mit dem Begriff des Flüsterers verbindet sich meist die Idee, des gewaltlosen Führens unter Verwendung des genauen Lesens von Signalen, die das Gegenüber sendet. Das gilt natürlich auch für den hier verwendeten Begriff des Kinderflüsterers. Als Kinderflüsterer sind Sie zudem hier eindeutig im Vorteil, weil sie mit Ihrer „Klientel“ ganz direkt und verbal kommunizieren können[8]. Das kann die Sache zwar auch verkomplizieren, weil Worte, je nach Kontext, Intonation, Mimik und Gestik so unterschiedlich verstanden werden können und man sollte sich nie zu sicher sein, dass der Andere meine Worte so verstanden hat, wie ich sie gemeint habe[9] (vgl. Schulz von Thun 2014; Watzlawick 2011), aber dennoch, die Möglichkeit der direkten Kommunikation ist ein riesiger Schatz bei der Erziehung und dem Verständnis kindlichen Verhaltens. Zumindest dann, wenn Kommunikation nicht als Einbahnstraße, als Monolog, betrachtet wird, sondern als von seiner Grundstruktur her stets dialogisches Geschehen. Ich wähle diese Anspielung durchaus ganz bewusst, denn wenn man konkretes Erziehungsgeschehen zwischen Erwachsenen und ihren Kindern auf der Straße, im Bus oder im Supermarkt beobachtet, hat man nicht selten das Gefühl, es würde reichen, wenn Kinder Ohren und Erwachsene Münder hätten, weil die

---

8 Die Pferde-, Hunde- und Bienenflüsterer dieser Welt würden mir vermutlich an dieser Stelle vehement widersprechen, und darauf verweisen, dass natürlich auch sie sehr direkt mit Ihrer Klientel kommunizieren, eben über andere Kanäle, über Körpersprache beispielsweise.

9 Darauf haben uns vor allem die Konstruktivisten und die dadurch inspirierten Kommunikationsmodelle etwa das von Schulz von Thun (2014) oder aber Paul Watzlawick (2011; 2011a) hingewiesen. Insbesondere das Kommunikationsmodell von Schulz von Thun (2014) genießt z.B. in der Lehrerbildung bis heute eine ungeheuer große Bedeutung. Es basiert darauf, dass wir eine Botschaft bzw. eine Aussage mit unterschiedlichen „Ohren“ hören können bzw. der Sender der Botschaft natürlich mit unterschiedlichen Absichten die Botschaft senden kann. Als Beispiel dient hier gerne das Beispiel eines Ehepaares an der Ampel: „Die Ampel ist grün.“ Es kann auf einer sachlichen Ebene einfach die Information sein, dass die Ampel grün ist. Es könnte aber auch ein Appell sein, im Sinne eines „Fahr endlich los.“ Es könnte sogar eine Botschaft über die Beziehung der beiden Akteure beinhalten: „Wenn du nicht immer so spät dran wärst, dann müssten wir jetzt nicht so hetzen.“ Usw. D.h. ein einfach Satz, kann enorm viele Bedeutung beinhalten.

Kommunikation so aufgebaut ist, dass linear vom Erwachsenen gesendet und vom Kind empfangen wird bzw. werden soll: „Mach dies, … mach das…“ ; „Du musst noch…“; „Würdest du bitte…“; „Könntest du noch…“ usw.. Jeder Mensch stellt in einer solchen Situation früher oder später vom Empfangsmodus auf den Durchzugsmodus, oder sendet eben in Form von vermeintlichem Fehlverhalten seine eigenen, vom Gegenüber meist unerwünschten, Botschaften. In diesen Fällen gelingt das „Aufeinander Bezug nehmen“, das den innersten Kern einer jeden persönlichen Beziehung darstellt, nicht mehr. Erziehung ohne Beziehung allerdings ist nicht möglich. Beziehung ist die Grundvoraussetzung für Erziehung. Kindliches Verhalten richtig zu verstehen, bedeutet insofern stets auch einen Beitrag zu einer gelingenden Beziehung zwischen Erwachsenem und Kind. Ich würde sogar so weit gehen, zu sagen, dass die meisten Eltern-Kind-Konflikte bzw. Erziehungsschwierigkeiten genau auf einer solchen Beziehungsstörung beruhen, die meist Folge eines Nicht-Verständnisses kindlichen Verhalten ist. Hierin wird etwas Wichtiges sichtbar: Worum geht es eigentlich in sozialen Situationen, wie es natürlich auch Erziehungssituationen stets sind? Robinson Crusoe konnte schließlich auch erst in den Erziehungsmodus wechseln, als er sein „Erziehungsopfer“ Freytag gefunden hatte. Es geht darum, Kommunikation und Verhalten aufeinander zu beziehen, im Falle der Erziehung mit der besonderen Situation, dass hier in aller Regel über die Situation hinaus eine längerfristige Wirkung erwünscht ist. Kommunikation und Verhalten kann man aber nur aufeinander beziehen, wenn man das Verhalten des anderen versteht. Was treibt den anderen an, was veranlasst ihn, sich so zu verhalten, wie er sich im Moment verhält? Was bewegt ihn dazu, dies oder jenes zu sagen, dies oder jenes zu empfinden? Das meine ich, wenn ich davon spreche, dass Sie Verständnis für das kindliche Verhalten entwickeln müssen.

Im Folgenden möchte ich Ihnen zehn „Geheimnisse“ vorstellen, die die Qualität und Tiefe ihres Verständnisses vom kindlichen Verhalten auf eine ganz neue Basis stellen werden. Hüten Sie sich davor, diese „Geheimnisse“ vorschnell als bereits bekannt zu klassifizieren. Mindestens genauso wichtig wie das Wissen um ein „Geheimnis“ ist die Konsequenz, die sich daraus für Ihr Handeln und Ihre innere Haltung ergibt. Die kleinen Übungen in den Kästen, sollen Ihnen dabei helfen, diese Konsequenz und die damit verbundene veränderte Haltung konkret zu erfahren und zu entwickeln. Es geht nicht um ein oberflächliches „Kennen“ dieser Geheimnisse. Sie entfalten ihre Wirkung erst in ihrem Handeln.

**Wir halten in diesem Abschnitt folgende Leitsätze der Erziehung kurz zusammengefasst fest:**

Wer Kinder wirklich in die Tiefe verstehen will, muss sich mit Ihrem Lebensraum, ihren Motivationen, ihren Wünschen und Träumen, ihren Ängsten, ihren Sichtweisen und Gedanken beschäftigen. Er muss zu allererst ein guter Beobachter und ein guter Zuhörer sein. Nur dann wird er wirklich verstehen, wie das eigene Kind „tickt“ und damit verschafft er sich ein ungeheuer stabiles Fundamt für die Erziehung. Ich würde sogar so weit gehen zu sagen, dass ohne dieses Fundamt Erziehung nicht wirklich in wünschenswerter Weise gelingen kann, weil keine fruchtbare Beziehung zum Kind entsteht.

# B. Die zehn Geheimnisse kindlichen und jugendlichen Verhaltens

## 1. Geheimnis: Verhalten ist immer situativ

Wir neigen im Allgemeinen dazu, Verhalten vorschnell und ausschließlich einer Person und ihrer Persönlichkeit oder Ihrem Charakter zuzuschreiben: Der andere Mensch verhält sich in diesem Fall beispielsweise nicht aggressiv oder liebevoll, sondern er ***ist*** aggressiv oder liebevoll. Das ist ein sehr großer Unterschied, den wir uns selten bewusst machen, der allerdings eine große Wirkung hat. Gerade beim Loben oder Tadeln eines Kindes wird dies deutlich: Hinsichtlich der langfristigen psychologischen Wirkung beim Kind macht es einen sehr großen Unterschied, ob wir das Kind beispielsweise mit folgenden Worten für ein unerwünschtes oder unangebrachtes Verhalten tadeln: „Du bist unmöglich!" oder aber: „Du verhältst dich gerade unmöglich!". Das ist ein kleiner aber feiner Unterschied, weil einmal die Person als Ganzes beschrieben wird („Du bist unmöglich!"), das andere Mal, ein Aspekt Ihres momentanen Verhaltens („Du verhältst dich unmöglich!"). Im ersten Fall wird die Person als Ganzes in eine Schublade gesteckt, das andere Mal wird quasi ein Teil von ihr, nämlich ihr momentanes Verhalten verurteilt. Das wiederum lässt Raum für Veränderung.

Wenn wir Verhalten und Person gleichsetzen, dann entspringt nach dieser Sichtweise Verhalten gewissermaßen ausschließlich dem Wesen, dem inneren So-Sein, einer Person: Der Andere hat einen schlechten Tag, ist ein schwieriger Mensch (Choleriker, Egoist, etc.), hat bestimmte Defizite (ADHS, Neurotiker etc.) oder aber er ist in einer schwierigen Phase (Trotzalter, Pubertät, Lebenskrise etc.) seines Lebens. Sicherlich können solche Klassifizierungen und Zuschreibungen mögliche Erklärungen für ein bestimmtes Verhalten sein aber als alleinige Erklärung sind sie immer unzureichend, nicht selten gar schlichtweg falsch. Darüber hinaus haben Sie den großen praktischen Nachteil, dass sie für uns „Außenstehende" nicht veränderbar sind. In gewisser Weise werden wir bei einer solchen Betrachtungsweise zum Spielball des Anderen. Wir sind dann quasi gezwungen, zu reagieren und erkennen nicht mehr unsere Möglichkeiten zu agieren. Das gilt nicht nur für das Verhalten von Kindern und Jugendlichen, sondern ganz generell für unseren Umgang mit Menschen.

Gerade im Erziehungsprozess jedoch sind Klassifizierungen und Zuschreibungen als Begründung für das Verhalten des anderen fatal, weil sie das Kind in seiner Rolle festschreiben, quasi mit einem Stigma versehen, und somit selbst zu selbsterfüllenden Prophezeiungen werden können. Der Störenfried oder Klassenclown verhält sich möglicherweise gerade deshalb störend und auffällig in einer Unterrichtsstunde, weil das von ihm so erwartet wird. Sein Verhalten wird vom Lehrer und den Mitschülern quasi von vornherein anders bewertet und an anderen Maßstäben gemessen als das des Klassenbesten und entsprechend werden auch die Reaktionen des Umfeldes auf sein Verhalten andere sein. Problematisch ist das vor allem dann, wenn es sich um negative Zuschreibungen handelt. Wir haben es dann gewissermaßen mit einem negativen Pygmalion- bzw. Rosenthal-Effekt zu tun.

Dieser Effekt geht auf ein faszinierendes Feldexperiment der beiden Psychologen Robert Rosenthal und Lenore F. Jacobson zurück (vgl. Rosenthal/Jacobson 1971) bei dem man Lehrern an einer Grundschule auf der Grundlage von umfangreichen psychologischen Tests, die man mit den Schülern durchführte, vermeintlich verlässliche Voraussagen über die anstehenden Leistungsentwicklungen ihrer Schüler gab (vgl. Rosenthal/Jacobson 1971). Der Test, so wurde den Lehrern mitgeteilt, wäre in der Lage, die Schüler zu identifizieren, die in naher Zukunft einen großen Entwicklungssprung[10] machen würden (vgl. ebd.). Tatsächlich handelte es sich aber um einen einfachen IQ-Test und die Schüler, die

10 Heute würde man wahrscheinlich eher von „Hochbegabung" sprechen.

vermeintlich vor „großen Entwicklungssprüngen" standen, wurden rein nach dem Zufallsprinzip, keineswegs auf der Grundlage irgendeines verlässlichen Testergebnisses über Leistungsentwicklung oder besonders hoher IQ-Werte ausgewählt und den Lehrern mitgeteilt (vgl. ebd.). Das Erstaunliche war, dass sich die IQ-Werte genau dieser zufällig ausgewählten Schüler acht Monate später im Vergleich mit allen anderen getesteten Schülern tatsächlich überdurchschnittlich deutlich erhöhten (vgl. ebd.).

In dieser Weise eingesetzt also wären Klassifizierungen und Zuschreibungen als Begründung für Verhalten durchaus ein interessantes Mittel für die Erziehung, d.h. konkret: positive Erwartungen an das Kind wirken sich tatsächlich positiv auf dessen Verhalten und Entwicklung aus. Es ist jedoch nur vermeintlich die Zuschreibung an die Person, die hier gewirkt haben dürfte, viel wichtiger dürfte sein, dass sich die Umwelt (in diesem Falle die Lehrer) und ihre Reaktionen auf die Kinder verändert haben dürften, so zumindest interpretierten auch Rosenthal und Jacobson die Studienergebnisse (vgl. Rosenthal/Jacobson 1971). So wurde möglicherweise mit den Aussagen und Beiträgen der Schüler, die sich vermeintlich vor einem großen Entwicklungssprung befanden, im Unterricht anders umgegangen. Auch eine falsche Antwort oder Lösung dieser Schüler beispielsweise wurde nicht einfach als unzutreffend oder inkorrekt bewertet, sondern sie wurde möglicherweise auf das hin untersucht, was korrekt oder interessant an diesem Beitrag war. Genau diese Studie führt uns mitten hinein in das erste Geheimnis, das ich Ihnen gleich näherbringen möchte. Zunächst sei jedoch darauf verwiesen, dass dieser von Rosenthal und Jacobsen beschriebene Effekt leider auch umgekehrt wirkt, d.h. negative Zuschreibungen bewirken negatives Verhalten. Ich fürchte, dass dies weitaus häufiger in der Erziehung eine Rolle spielt, als wünschenswert wäre.

Zudem liefern Klassifizierungen und Festschreibungen als Erklärung für ein bestimmtes Verhalten keine Erklärung für die Tatsache, dass sich beispielsweise ein ADHS-diagnostiziertes oder als besonders impulsiv klassifiziertes Kind nicht in jeder Umgebung und Situation „auffällig“, rücksichtslos oder impulsiv verhält (vgl. Bogner 2017, S.458ff.). Der cholerische Nachbar erweist sich plötzlich in einer Notsituation als äußerst hilfsbereit. Der egoistische Partner verhält sich nach der Geburt des Kindes als fürsorglicher Vater. Das trotzige Kind legt plötzlich seinen Trotz ab, wenn es erkennt, dass es der Mutter nicht gut geht. Wir verändern jedoch auch in diesen Fällen in aller Regel nicht unser Erklärungsmuster, dass nämlich Verhalten aus der Person entspringt. In diesen Fällen neigen wir meist dazu, das veränderte, nicht erwartete Verhalten, einer Veränderung in der Person zuzuschreiben (im Sinne eines: „Du bist ja kaum wiederzuerkennen!“ oder „Was ist denn mit dir passiert?“).

Um die Tragweite dieser Erklärungsmuster noch konkreter zu machen und auf typische Erziehungsphänomene zu beziehen, sei ein weiteres Beispiel genannt: Der Sozialpsychologe Kurt Lewin verweist darauf, dass gemeinhin die Tatsache, dass sich viele dreijährige Kinder trotzig verhalten, dazu führte, das vierte Lebensjahr ganz generell als „Trotzalter“ zu bezeichnen (vgl. Lewin 1931a, S.248; Bogner 2017, S.53). Der Trotz, so die bis heute häufig anzutreffende Annahme, sei so etwas wie ein natürlicher Wesensbestandteil dieser Altersphase (vgl. ebd.). Soweit wäre diese Sichtweise noch kein Problem, denn es ist ja tatsächlich nicht von der Hand zu weisen, dass sich viele Kinder gerade in diesem Alter erstmals intensiver gegen den Willen der Erwachsenen oder anderer Kinder auflehnen. Allerdings, und das ist an dieser Betrachtungsweise das eigentliche Problem, wird dann im Umkehrschluss trotziges Verhalten allein dem Kind und seiner Entwicklungsphase zugeschrieben und nicht bedacht, unter welchen konkreten Umständen dieses Verhalten auftritt (vgl. Lewin 1931a, S.248; Bogner 2017, S.53). Das Wesen des Kindes, so die gängige aber völlig unzureichende Deutung, ist gleichbedeutend mit der Erklärung für das kindliche Verhalten (vgl. ebd.). Konkret gesprochen drückt sich das dann in einer Erklärung wie der folgenden aus: Das Kind verhält sich trotzig, ***weil*** es in der Trotzphase ist.

Dabei allerdings vergisst man zweierlei: Erstens, dass Trotz auch in anderen Altersphasen, ja bisweilen sogar noch im Erwachsenenalter, auftritt und dies obwohl die betreffenden Personen dem Trotzalter lange entwachsen sein müssten. Man muss sich dann, um die vermeintliche Erklärung zu retten, für das Alter eine neue Klassifizierung zurechtlegen (i.e. Altersstarrsinn). Zweitens vergisst man, dass sich nicht alle Kinder im Alter von drei Jahren verstärkt trotzig oder gar Kinder in diesem Alter sich ausschließlich, d.h. 24 Stunden am Tag, trotzig verhalten, was sie eigentlich müssten, wenn doch das beobachtbare Verhalten aus dem Wesen des Kindes entspringen würde.

Ganz Ähnliches ließe sich über die häufig noch als viel problematischer empfundene Phase der Pubertät ausführen. Was hören wir nicht alles über diese „schwierige Phase“, in der Jugendliche aufsässig, verschlossen, bockig, patzig, lustlos, aggressiv, kurzum „schwierig“ werden. Die Erklärung ist analog immer dieselbe und lautet: Das Problem liegt in den Jugendlichen und die Erklärungen für dieses Verhalten sind natürlich auch intern zu suchen: Es sind beispielsweise die hormonellen Veränderungen (vgl. z.B. Wüsthof 2006). Natürlich gibt es diese hormonellen Veränderungen in den Jugendlichen, und diese sind völlig natürlich. Aber – und genau darum geht es mir an dieser Stelle – meines Erachtens liegt das Problem nicht so sehr in dieser ganz natürlichen inneren Veränderung, sondern darin, dass sich das äußere Umfeld, und dazu gehören in erster Linie die Eltern und die Schule, zu wenig auf diese Veränderungen einlässt bzw. zu starr darauf reagiert.

Kurzum: Ich will Sie dazu ermutigen, alle diese Klassifizierungen und Zuschreibungen (Trotzphase, Pubertät, ADHS, Hochbegabung, Hypersensibiltät, ja vielleicht sogar manche Formen des Autismus etc.) wenn nicht gar zu vergessen, so doch zumindest massiv zu vernachlässigen. Sie verstellen nur den klaren Blick, liefern nur vermeintliche Erklärungen und führen zu Festschreibungen, nicht selten gar in die Irre. Wenden Sie sich stattdessen dem Hier und Jetzt des Geschehens zu.

Was passiert jetzt gerade in diesem Moment? Welche Faktoren wirken sich jetzt in dieser momentanen Situation wie auf das Verhalten meines Kindes aus? Hüten Sie sich ganz generell vor einfachen Zuschreibungen und Klassifizierungen. Nur dann entwickeln Sie ein echtes Verständnis für das jetzt beobachtbare Verhalten Ihres Kindes. In diesem Sinne wäre beispielsweise trotziges Verhalten in der „Trotzphase" schlichtweg eine Reaktion ihres Kindes auf einen „Spannungszustand des Kindes" (Lewin 1931b, S.193) in diesem Moment. Für solche „Spannungszustände" ist charakteristisch, dass sich zwei Kräfte entgegengesetzt gegenüberstehen (vgl. ebd.). Um es ganz allgemein auszudrücken, es handelt sich häufig um die Kräfte des „ich will…" und des „ich muss aber…". Welche Kräfte sind dies in diesem Moment? Das ist die Frage, die Sie sich stellen müssen und nicht, ob das jetzt trotzig oder bockig oder hypersensibel ist.

Kurt Lewin, der bis hierher quasi als Vordenker einen ganz wesentlichen theoretischen Hintergrund für meine Ausführungen bildet, bietet uns folgende Erklärung für beobachtbares Verhalten an: Man kann konkret beobachtbares Verhalten (sowohl unseres als auch das des Kindes) nur verstehen und richtig deuten, wenn wir die gesamte Situation, in der Verhalten beobachtet wird, mit einbeziehen (vgl. Lewin 1969, S.51ff.; Bogner 2017, S.100ff.). Mein untenstehender Beobachtungsauftrag zielt genau darauf ab, Sie in die Lage zu versetzen, die gesamte momentan vorliegende Situation zu erfassen und nicht vorschnell die Ursache im kindlichen So-Sein, seinem Label das ihm durch Lehrer, Kinderärzte oder andere Experten aufgedrückt wurde, zu suchen. Lösen Sie sich von diesen Klassifizierungen und Labels. Diese mögen Sie für den ersten Moment beruhigen, im Sinne eines, „… endlich habe ich eine Erklärung für das aus meiner Sicht schwierige Verhalten meines Kindes und es bin Gott sei Dank nicht ich, der dafür mitverantwortlich ist, sondern die Gene, die Botenstoffe im Gehirn, die Entwicklungsphase meines Kindes", aber, und das ist entscheidend, sie verstellen ihnen nicht selten den Blick für die aktuelle Situation und den konkreten Umgang damit. Solche Klassifizierungen binden ihnen die Hände. Lewin formuliert die für Sie alles entscheidende Frage hierbei folgendermaßen: „Warum resultiert in einer gegebenen Situation *S* (d.h. für eine besondere Person *P* in einer besonderen Umwelt *U*) gerade ein solches Geschehen *V* [Verhalten] und kein anderes?" (Lewin 1969, S.51; Hervorhebungen im Original). Wenn wir kindliches Verhalten (V) wirklich in die Tiefe verstehen wollen, dann ist es für uns zwingend notwendig, den „dynamischen Zusammenhang bzw. die dynamische Beziehung zwischen Person und Umwelt" (Bogner 2017, S.101), d.h. ihre unauflösliche Verwobenheit, zu klären (vgl. Lewin 1969, S.51). Gewissermaßen geht es stets darum, das jetzt beobachtbare Verhalten in einen Gesamtzusammenhang einzubetten (vgl. Lewin 1969, S.34).[11] Dies wird auch im 8. Geheimnis nochmals ausführlicher eine Rolle spielen.

Zusammengefasst bedeutet dies, dass Verhalten für Lewin immer aus einer ganz konkreten und einzigartigen Situation hervorgeht (vgl. Lewin 1969, S.31). Die Situation wiederum besteht für Lewin aus der Person (P) und der Umwelt (U) (vgl. Lewin 1969, S.34). Dies wiederum heißt, dass ich das jetzt beobachtbare Verhalten (V) einer Person nur verstehen kann, wenn ich in dieser jetzt konkret vorfindbaren Situation sowohl die Person (ihr So-Sein, ihre Bedürfnisse, ihre Ziele, ihre Wünsche, ihre Ängste etc.) als auch die im Moment vorliegende Umwelt (Widerstände, Möglichkeiten, Atmosphäre, etc.) mitbedenke (vgl. hierzu Lewin 1969, S.34).

---

11 Kurt Lewin drückte genau diesen Aspekt in der mathematischen Formel $V = f(S)$ aus (vgl. Lewin 1969, S.31). Verhalten (V) ist eine Funktion (f) einer spezifischen Situation (S) (vgl. ebd.).

Aus dem 1. Geheimnis ergeben sich im Besonderen folgende Leitsätze für die Erziehung:

- ✓ Kindliches Verhalten ist immer situativ zu verstehen. Welche Kräfte wirken jetzt in diesem Moment, das ist die entscheidende Frage, die es zu klären gilt.
- ✓ Machen Sie sich frei von jeder Form wertender Klassifizierungen und Zuschreibungen wie Trotzalter, Pubertät, ADHS, hochbegabt etc.

Beobachten Sie Ihr Kind aufmerksam aber unauffällig unter folgender Fragestellung:

1. Was treibt mein Kind jetzt im Moment, in dieser Situation, an, sich so zu verhalten?

2. Was veranlasst mein Kind jetzt in diesem Moment, dies oder jenes zu sagen oder zu tun?

3. Überlegen Sie, welches konkrete Verhalten Ihres Kindes Sie gelegentlich stört (oder aber alternativ: ein Verhalten, das Sie besonders freut). Beobachten Sie jetzt über einen gewissen Zeitraum genau unter welchen Umständen (Tageszeit, anwesende Personen, ihre Stimmungen) bzw. in welchen Kontexten genau dieses Verhalten besonders häufig auftritt.

*Vorsicht vor zu schnellen Antworten! In Ruhe beobachten! Die aufmerksame Beobachtung ist wichtiger als die schnelle Antwort!*

*Folgen Sie der Maxime: Der geduldige und ausdauernd beobachtende Vogel fängt den Wurm.*

## 2. Geheimnis: Hinter jedem Verhalten steht ein Antrieb

Wir haben bis hierher immer wie selbstverständlich von „Verhalten" gesprochen. Was aber ist eigentlich Verhalten genau? Was ist mit Verhalten eigentlich gemeint? Also wenn wir beispielsweise davon sprechen, dass es darum gehe, „kindliches Verhalten zu verstehen"?

Lewin definiert den Begriff nirgends explizit in Worten, aber aus seinen vielen Veröffentlichungen kann man den Schluss ziehen, dass er einen sehr weiten Verhaltensbegriff hat. An einer Stelle wird dies exemplarisch deutlich: „Ist V das Verhalten oder *sonst irgendeine Art psychischen Geschehens* und S die Gesamtsituation einschließlich der Person, so ist V als eine Funktion von S darzustellen" (Lewin 1969, S.31; Hervorhebung nicht im Original). Das klingt natürlich fürchterlich wissenschaftlich, aber was Lewin damit meint, ist eigentlich ganz einfach: Das jetzt in diesem Moment beobachtbare Verhalten einer Person entspringt für Lewin immer sowohl aus dieser Person selbst (also z.B. ihren Wünschen, Bedürfnissen, Ängsten, Eigenheiten etc.) als auch aus der konkreten Umwelt dieser Person in diesem Moment (Schule, zuhause, Fußballplatz, anwesende andere Personen etc.) (vgl. Lewin 1969, S.51). Die konkrete Person und ihre konkrete Umwelt in diesem Moment bilden zusammen die Situation, in der dann ein bestimmtes Verhalten beobachtet werden kann (vgl. ebd.).

Nehmen wir beispielsweise folgendes Beispiel: Der dreizehnjährige Kevin (unsere konkrete Person) fällt im Unterricht von Herrn Zäh (unsere konkrete Umwelt) mal wieder durch Unkonzentriertheit und Nichtbeteiligung auf (beobachtbares Verhalten). Er schaut scheinbar demonstrativ aus dem Fenster und kann die von Herrn Zäh an ihn gerichtete Frage nicht beantworten (auch das ist Verhalten). Das Ganze passiert in der zweiten Stunde im Fach Mathematik (noch konkretere Umwelt). Das alles zusammengenommen stellt gewissermaßen die Situation dar. Was steckt hinter diesem Verhalten (Unkonzentriertheit, Nichtbeteiligung, aus dem Fenster schauen) von Kevin in dieser konkreten Situation, das ist die Frage, die es zu klären gilt. Und die Antwort, die uns aus Sicht Lewins weiterhilft, liegt weder in Kevin allein (der Kevin wieder…, schlechter Matheschüler, Störenfried, er mag Herrn Zäh nicht, er findet seinen Unterricht langweilig, zu wenig geschlafen etc.), noch liegt sie einzig und allein in der konkreten Umwelt (Mathematik, Schule, Herr Zäh, früh am Morgen). Die Antwort liegt im Zusammenspiel zwischen Kevin und seiner Umwelt. Wir werden noch darauf zurückkommen, was das für konkrete Konsequenzen hat.

In der eben zitierten Aussage von Lewin wird darüber hinaus deutlich, dass letztlich auch alle „Arten psychischen Geschehens" (Lewin 1969, S.31) für Lewin im Grunde eine Form von Verhalten sind. Lewin gibt hierbei keine konkreten Beispiele aber zu denken wäre etwa an das Empfinden von Gefühlen wie *Angst, Verzweiflung, Trauer, Freude, Lust, Neugier, Aufregung, Wut.* Genauso zu denken wäre aber auch an *Wahrnehmungen* ganz generell, etwa das *Beobachten eines Vogels vor dem Fenster* oder aber an das abstrakte *Nachdenken über ein Problem* am Schreibtisch. Ja sogar das *Schweigen beim gemeinsamen Mittagessen* ist in diesem Sinne ein Verhalten. Das bedeutet letztlich: Jegliche Aktivität, ob rein geistig, emotional oder körperlich ist diesem Verständnis nach gleichermaßen Verhalten. Es sind schlichtweg unterschiedliche Qualitäten (nicht im Sinne von besser oder schlechter, sondern im ursprünglichen Sinne des Wortes ´qualitas´ von unterschiedlichen Beschaffenheiten) von Lebensäußerungen. Das ist meines Erachtens nach ein faszinierender, ein bestechend konsequenter Gedanke, weil wir quasi auch Verhalten in diesem Sinne nicht mehr gesondert klassifizieren, etwa als körperliche oder geistige Handlung, oder aber als erwünscht oder unerwünscht. Das wiederum vereinfacht die ganze Sache der Erziehung und des Verständnisses kindlichen Verhaltens enorm.

Was aber bedeutet das konkret? Wenn wir von der oben beschriebenen Gesetzmäßigkeit kindlichen Verhaltens ausgehen, dass sich nämlich jetzt gerade beobachtbares kindliches Verhalten immer aus dem Zusammenspiel von genau dieser Person mit genau dieser Umwelt darstellt (vgl. Lewin 1969, S.34), dann wird verständlich, dass das eine Kind beispielsweise in der Schule Freude, Lust und Neugier empfinden wird, während ein anderes Kind in der genau gleichen Klasse und momentanen Umwelt (Klassenzimmer, Schulgebäude, Schulfach, bei diesem Lehrer) möglicherweise Angst, Scham, Langeweile oder Wut empfindet. Ändert sich die Umwelt (z.B. das Fach, der Lehrer, Besuch bei den Großeltern oder Freunden), dann könnten dieselben Personen gerade umgekehrte Gefühle erleben. Das heißt, das gerade noch vorherrschende Gefühl von Freude und Neugier wandelt sich beim gleichen Kind in Angst oder Wut (auf diesen Lehrer z.B.). Das eben noch ängstliche Kind empfindet plötzlich Freude, etwa weil ihm dieses Fach liegt.

Das klingt auf den ersten Blick vielleicht zunächst banal. Aber das ist es bei genauerer Betrachtung ganz und gar nicht. Banal ist es vor allem dann, wenn unsere Erklärungen, wie meist in diesen Fällen, lauten würden: Kinder sind halt verschieden  Mathe war auch nie mein Ding - Ich bin auch nicht gern in die Schule gegangen. Merken Sie etwas? Wir steuern auf ein fundamentales Problem zu, denn es ist genau der Erklärungsmechanismus, den ich oben bereits beschrieben hatte: Das Verhalten wird allein der Person zugeschrieben. Dann allerdings erleben wir bestimmtes Verhalten, bestimmte Situationen als unveränderlich. Wir können dann scheinbar eben nichts daran ändern. Wir müssen damit leben. Dem ist allerdings, wenn wir Kurt Lewin folgen, nicht so. Wenn wir diesen Gedanken auf unser Kevin- Veranschaulichungsbeispiel oben übertragen, dann könnte Herrn Zähs gedankliche Interpretation von Kevins Verhalten etwa so aussehen: Der Kevin wieder… Es ist doch immer das gleiche mit ihm. Wahrscheinlich hat er wieder die halbe Nacht Computer gespielt. Mit Mathematik konnte der noch nie was anfangen und seine Leistungen bestätigen das ja auch immer wieder aufs Neue. Er ist einfach fachlich schwach.

Die Verhaltensgründe werden bei dieser Interpretation allein Kevin zugeschrieben. In dieser Interpretation stecken natürlich vermutlich tat-sächlich vorliegende Ursachen und Gründe für Kevins Verhalten, aber sie erklären nicht, warum Kevin in der anschließenden Englischstunde bei Frau Rixinger sehr aufmerksam bei der Sache ist. Er diskutiert bei einem Text über häusliche Gewalt eifrig mit, obwohl er auch in Englisch von seinen Leistungen her nicht zu den besten Schülern der Klasse gehört. Doch auch hier ist Vorsicht vor einer vorschnellen Interpretation seines Verhaltens (Beteiligung im Unterricht) geboten. Das Pendel schwingt nur allzu schnell in die entgegengesetzte Richtung, dass nämlich Kevins Verhalten allein aus der veränderten Umwelt (anderes Fach, andere Lehrerin, später am Vormittag) erklärt wird.

Gerade im Kontext Schule finden wir häufig diese alternative Erklärung, dass es nämlich allein an der Umwelt liege (also z.B. dem Lehrer, der nicht erklären kann, der das eigene Kind überfordert, oder dem geringen Alltagsbezug im Fach Mathematik etc.). Beide Erklärungsmuster verbindet, dass im Entweder-Oder-Muster gedacht wird. Also entweder die Erklärung von konkretem Verhalten liegt in der Person oder aber der Umwelt. Das vereinfacht die Erklärung ungemein, aber es führt eben nicht zu einer Klärung und auch nicht zu einer Veränderung, weil es eben nur die halbe Wahrheit ist. Es geht beim Verständnis von Verhalten in Wirklichkeit immer um das Sowohl-als-auch, um das Zusammenspiel: Warum ist diese Reaktion genau bei dieser Person in genau dieser Umgebung zu beobachten, während die Reaktion bei einem anderen Kind in derselben Umgebung eine ganz andere ist? Das wäre die Frage, die der Sozialpsychologe Kurt Lewin stellen würde, bzw. die er ja, wie oben bereits zitiert, ganz direkt so gestellt hatte[12]. Und das ist die Frage, die auch Sie sich stellen müssen, wenn Sie das Verhalten Ihres Kindes tatsächlich richtig verstehen wollen. Dieses Verständnis wiederum brauchen Sie, um gewünschte Veränderungen zu ermöglichen.

Verhalten, mit einem so weiten Begriffsverständnis betrachtet, kann

---

12 „Warum resultiert in einer gegebenen Situation S (d.h. für eine besondere Person P in einer besonderen Umwelt U) gerade ein solches Geschehen V und kein anderes?" (Lewin 1969, S.51; Hervorhebungen im Original).

sich sowohl physisch zeigen, d.h. die äußere Form einer körperlichen Bewegung annehmen (auf einen Baum klettern, Steine werfen, Turnen, Fahrradfahren, Rennen, Sprechen etc.), es kann aber genauso gut rein psychisch sein, d.h. die Form eines Fühlens (Angst, Wut, Neugier, Freude, etc.) oder aber des Nachdenkens (z.B. über ein Problem), annehmen, das nicht notwendigerweise mit einer körperlichen Bewegung einhergehen muss (allerdings können sich Mimik und Gestik körperlich im Außen zeigen). Diese Formen des Verhaltens sind schwieriger zu beobachten. Manchmal sind sie nur im vorsichtigen und mitfühlenden Gespräch mit dem Kind überhaupt richtig zu fassen.[13]

Darüber hinaus kann Verhalten dann auch aktiver Ausdruck von kindlichen Wünschen und Bedürfnissen oder aber bloße Reaktion auf äußere Erfordernisse sein. D.h. es kann Aktion oder Reaktion sein. Beim ersten dominiert quasi als Antrieb für Verhalten die kindliche Person, beim Zweiten wiederum dominieren eher die Kräfte, die aus der Umwelt auf das Kind einwirken und die es zu einer Reaktion veranlassen. Kindliches Verhalten ist stets ein Ausdruck von wirkenden Kräften, gewissermaßen ist es die Resultierende aus verschiedenen aufeinander einwirkenden Kräften. Das wiederum bedeutet aber auch, dass wir unterstellen, dass hinter jedem Verhalten eine Intention, eine Absicht bzw. ein Ziel steht. Dieses Ziel, diese Absicht des Kindes zu erkennen, ist ein weiterer Baustein für das wirkliche Verständnis kindlichen Verhaltens, das so wichtig in der Erziehung ist. Über die aufmerksame Beobachtung des kindlichen Verhaltens gewinnen Sie wichtige Erkenntnisse über Ihr Kind! Was bewegt es, was treibt es an, was fürchtet es? All das hilft uns ungemein, erzieherisches Handeln auf das Kind abzustimmen, und genau darum geht es in der Erziehung. Das heißt im Umkehrschluss dann allerdings nicht, dass man dem Kind jeden Wunsch erfüllen muss. Es

13 Überhaupt stellen wir echte dialogische Fragen im Erziehungsprozess viel zu selten, so wäre hier beispielsweise zu denken an Fragen wie: „Was denkst du gerade?"; „Was fühlst du?"; „Wie würdest du dieses Problem lösen?"

geht zunächst nur darum, das was das Kind antreibt zu erkennen und anzuerkennen. Und zwar zunächst vollkommen wertfrei!

Verhalten hat hierbei eine zeitliche und eine räumliche Dimension (vgl. Falk et al. 1969, S.16). Es kann einen „ausgesprochen zielstrebigen Eindruck“ (Lewin 1931, S.118) machen, d.h. ein Kind möchte schnell sein Ziel erreichen, wirkt dabei kraftvoll, engagiert oder ungeduldig. Es kann aber auch einen zögerlichen Eindruck machen, d.h. es wird vom – dann meist von Außen vorgegebenen Ziel – nicht unbedingt „angezogen“. Vorstellbar ist sogar, dass es von ein und derselben Tätigkeit oder einem Objekt gleichzeitig angezogen und abgestoßen wird. Kurt Lewin verdeutlicht dies am Beispiel eines Kindes, das einerseits auf einen Baum klettern will andererseits aber auch Angst hat, weil es von diesem Baum herunterfallen könnte (vgl. Lewin 1931b, S.187). In der Konsequenz wird es vielleicht vor diesem Baum stehen bleiben, sich ihm nähern, sich wieder entfernen, oder um den Baum herumschleichen. Das Kind empfindet sozusagen hier zwei widerstreitende Kräfte in sich, zwei Herzen schlagen gewissermaßen in seiner Brust. Zögerliches Verhalten können Eltern auch häufig bei der Erledigung der ungeliebten Hausaufgaben (auch das kann als Verhalten betrachtet werden) beobachten. Das Kind findet alle möglichen anderen Beschäftigungen, die ihm reizvoller erscheinen, als die Hausaufgaben zu erledigen. Hierin wird auch die räumliche Dimension von Verhalten sichtbar: Verhalten kann ein sich annähern an das Ziel zur Folge haben, es kann aber genauso ein sich entfernen bedeuten. Was hier deutlich wird ist, dass Verhalten immer eine Richtung hat (vgl. Lewin 1931, S.117ff.).

Wir halten an dieser Stelle für unser Vorhaben kindliches Verhalten besser zu verstehen fest: Kindliches Verhalten ist Ausdruck von aus dem Kind und auf das Kind wirkenden Kräften. Kindliches Verhalten, so wie es hier vor allem mit Kurt Lewin beschrieben wurde, begegnet uns unablässig in den unterschiedlichsten Gewändern (physisch und psychisch) und wir als Erziehende müssen uns im Erziehungsprozess dazu verhalten.[14] Dies gelingt uns umso besser, je mehr wir auch die Tiefenstrukturen, also die wahren Beweggründe des Kindes erkennen und anerkennen können. Mit dem Begriff der „Anerkennung“ möchte ich Sie dafür sensibilisieren, dass wir allzu schnell im Interpretieren und Beurteilen in den Kategorien des Erwünschten und Unerwünschten denken. Es geht aber zunächst immer um das werturteilsfreie Beobachten.

Wir bewegen uns quasi gemeinsam mit dem Kind in einem gemeinsamen Feld, in dem bestimmte Kräfte, anziehende und abstoßende Kräfte, wirken, die wir mitgestalten können, wenn wir verstehen, in welche Richtungen und in welcher Stärke welche Kräfte auf das Kind (aber auch uns) einwirken.

14 Man denkt hier unweigerlich an Paul Watzlawicks ersten Grundsatz der Kommunikation (Watzlawick 2011a): „Man kann nicht nicht kommunizieren, denn jede Kommunikation (nicht nur mit Worten) ist Verhalten und genauso wie man sich nicht nicht verhalten kann, kann man nicht nicht kommunizieren.“

Aus dem 2. Geheimnis ergibt sich im Besonderen folgender Leitsatz für die Erziehung:

- ✓ Hinter jedem kindlichen Verhalten steht ein Antrieb, d.h. es wirken Kräfte auf das Kind ein, aber es wirken auch Kräfte aus dem Kind heraus. Aus beiden ergibt sich das konkret beobachtbare Verhalten.

Beobachten Sie Ihr Kind in einer Spielsituation aufmerksam aber unauffällig unter folgender Fragestellung:

1. Was tut ihr Kind jetzt gerade? Was ist äußerlich an Verhalten beobachtbar? Was verraten Ihnen Mimik und Gestik? Welchen gefühlsmäßigen Eindruck macht ihr Kind? Verfolgen Sie eine Zeitlang, was vor sich geht.

2. Wenn Sie das Gefühl haben, zu verstehen, was ihr Kind gerade tut, was es also antreibt und was äußerlich sichtbar wird, dann gehen Sie zu ihrem Kind und bitten Sie es, Ihnen Einblick in seine Gedanken und Gefühle zu geben. Was denkst du gerade?

*Vorsicht vor zu schnellen Antworten! In Ruhe beobachten! Die aufmerksame Beobachtung ist wichtiger als die schnelle Antwort!*

## 3. Geheimnis: Betrachten Sie eine Situation als Wechselspiel von Kräften

Bisher haben wir gesehen: Kindliches Verhalten kann niemals losgelöst von bestimmten Situationen verstanden werden (vgl. Lewin 1969, S.34). In diesen Situationen wirken Kräfte. Diese Kräfte wirken auf das Kind ein aber in Form von Wünschen und Bedürfnissen auch aus dem Kind heraus. Tatsächlich beobachtbares Verhalten von Kindern ist damit nichts anderes als Ausdruck des Umgangs mit diesen wirkenden Kräften. Diese Kräfte sind häufig nicht direkt sichtbar. Sie sind nicht messbar, aber sie sind spürbar und damit sehr real.[15] Real sind sie für das Kind in jedem Fall, für den Erziehenden dann, wenn er sich die Zeit nimmt, sich genau in die Situation hinein zu fühlen und aufmerksam wahrzunehmen, wie sich das Kind verhält. Kindliches Verhalten zu verstehen, bedeutet aus dieser Perspektive betrachtet dann nichts anderes, als das Kräftespiel zu verstehen, das auf das Kind einwirkt. Dieses Kräftespiel zu verstehen wiederum verleiht dem Erziehenden eine ungeheure Klarheit, es ist vielleicht sogar das zentrale Geheimnis für die Erziehung.

Man kann die Konsequenz dieser Sichtweise schön am Kevin-Beispiel aus dem zweiten Geheimnis veranschaulichen: Man hätte sich als Reaktion von Herrn Zäh gewünscht, dass er Kevin nach dem Unterricht anspricht, wie es ihm gehe? Herr Zäh hätte beschreiben können, wie er Kevin heute wahrgenommen hat und dass er sich gewünscht hätte, dass Kevin aktiver am Unterricht teilgenommen hätte. Er hätte Kevin fragen können, was er als Lehrer dazu beitragen könnte, dass Kevin mehr Interesse am Matheunterricht findet. Kevin hätte dann vielleicht erzählt, was bei ihm im Moment zuhause los ist, dass sich etwa die Eltern schei-

15 Lohr beschreibt dies im Vorwort zu Lewins „Feldtheorie in den Sozialwissenschaften" (2012) wie folgt: „Er [Lewin] nahm sich die Freiheit, von psychischen Kräften als Wirklichkeiten und nicht als Metaphern zu reden (1926)" (Lohr 2012, S.16).

den lassen wollen. In diesem Lichte nun erscheint Kevins Verhalten im Unterricht völlig anders.

Was aber genau bedeutet es, das Verhalten des Kindes in Kräften zu denken? Man kann hier zur besseren Verständlichkeit dieses Kraftfeldes gerne an ein Magnetfeld denken (siehe Abb. 2). In der Mitte sieht man einen rot-grünen Stabmagneten der am einen Ende einen Pluspol und am anderen Ende einen Minuspol bildet. Wenn man in das hier entstehende Mangetfeld Eisenspäne streut, dann wird die Struktur des Magnetfeldes sichtbar. Auch hier wirken also Kräfte im Feld, die zunächst nicht sichtbar werden. Bringt man allerdings einen Eisenspan ins Feld, so werden diese wirkenden Kräfte sichtbar, weil sie das Verhalten dieses Eisenspanes beeinflussen. Dieser Analogie entsprechend wäre das Kind hier quasi einer dieser Eisenspäne.

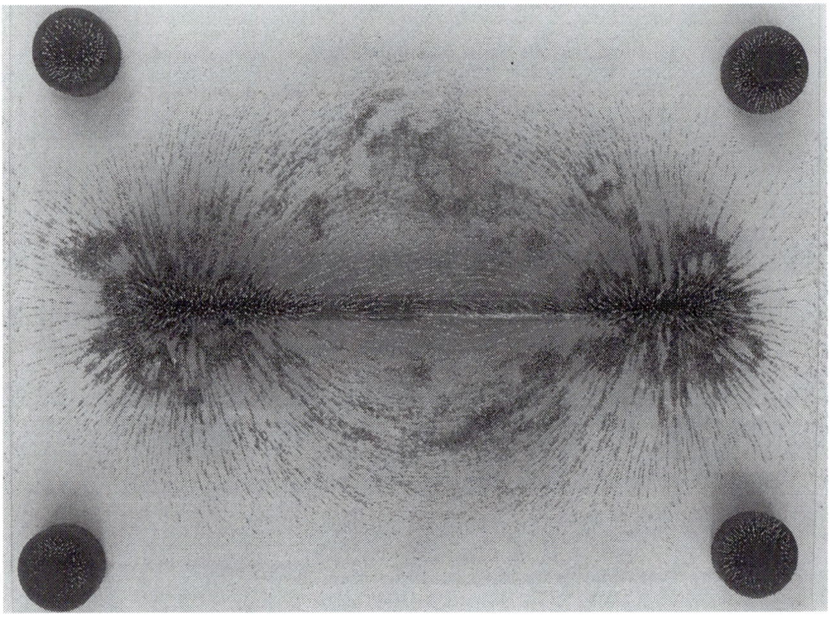

*Abb. 2* *in Privatbesitz*[16]

16 Fotografiert und im Besitz von Klaus Heigle und Holger Voggel an der Realschule Pfullendorf.

Wenn man gar mehrere Eisenspäne ins Feld streut, wie in Abb. 2 zu sehen, so erkennt man sogar, wie die Kräfte des rot-grünen Stabmagneten ein Magnetfeld bilden und zu einer gewissen Ordnung führen, die den Kraftlinien dieses Magnetfeldes entsprechen (vgl. Bogner 2017, S.185). Kurt Lewin spricht an dieser Stelle von der „`Gerichtetheit' der Umwelt auf ein Hauptziel" (Lewin 1931b, S.201). Die Situation erfährt also durch die wirkenden Kräfte eine ganz bestimmte, charakteristische Struktur (vgl. ebd.) und diese gilt es für den Erziehenden zu verstehen.

So hilfreich die Metapher des Magnetfeldes zur Annäherung an das Verständnis des Denkens in Kräftefeldern sein mag, so erklärungsbedürftig ist sie allerdings in mehreren Punkten, damit kein falsches Bild entsteht: Das Kind ist ganz selbstverständlich kein passiver, beliebig durch das Umfeld bestimmbarer Eisenspan! Genau als solcher wird es in fixen Methoden ja häufig betrachtet, als bloßes Erziehungs*objekt* und eben nicht als eigenständiges *Subjekt*. Das Kind hat eigene Wünsche, Bedürfnisse und Ziele, insofern müsste es eigentlich selbst als aktiver und dynamisch sich verändernder Magnetpol betrachtet werden, der das Umfeld immer wieder neu „magnetisiert". Dennoch wähle ich hier gerne die Magnetfeldmetapher, weil sie eben dabei hilft, zu verstehen, was genau damit gemeint ist, wenn wir davon sprechen, dass Kräfte im Feld wirken und eine Struktur erschaffen, die wiederum beide häufig nicht direkt sichtbar sind.

Ich möchte Ihnen zur besseren Veranschaulichung die Relevanz dieses Denkens in Kräften an zwei konkreten Alltagsbeispielen verdeutlichen. Im ersten Beispiel (Abb. 3) möchte ein kleines Kind mit seiner Puppe spielen (vgl. Lewin 1931, S.116/117). Die Puppe als Objekt bzw. das mit der Puppe Spielen als Aktivität übt eine große Anziehungskraft auf das kleine Kind aus (vgl. ebd.). Es ist gewissermaßen in diesem konkreten Beispiel das „Hauptziel" (Lewin 1931b, S.201) von dem Lewin oben im Zitat sprach. Das mit der Puppe Spielen fungiert in diesem konkreten Fall quasi als Magnet in dieser Situation. Alle Aktivitäten des kleinen Kindes sind auf die Puppe hin fokussiert. Lewin verdeutlichte die Grundstruktur von Situationen gerne in Form von mathematischen Darstellungen. Diese Grundsituation sähe schematisch für das beschriebene Beispiel wie folgt aus:

Abb. 3 (adaptiert nach Lewin 1931, S.116), Zeichnung: Jens Bogner

Die Puppe als Objekt bzw. die damit verbundene Aktivität besitzt für das Kind in Abb. 3 einen positiven Aufforderungs-charakter, was durch das Pluszeichen symbolisiert wird (vgl. Lewin 1931, S.116). D.h. aber keinesfalls, dass die Puppe für *jedes Kind* - also quasi ganz generell - oder aber für dieses betreffende Kind *immer* eine positive Anziehungskraft ausübt. Diese Konstellation gilt lediglich in dieser konkreten Situation jetzt gerade und für dieses Kind in diesem Moment. Dies zu beachten ist wichtig, weil wir generell dazu neigen, zu generalisieren. Wir sind aber dazu aufgefordert, jeweils situativ ganz genau hinzuschauen, was jetzt gerade der Fall ist. Das Kind erblickt die Puppe auf dem Tisch und wird der wirkenden Anziehungskraft folgen. Es wird sich in Richtung des Objektes seiner Begierde hinbewegen. Dies wird durch den Pfeil symbolisiert, der quasi aufzeigt, welche „psychische Feldkraft" (Lewin 1931, S.116) in dieser konkreten Konstellation auf das Kind einwirkt (vgl. ebd.). Mit dem Begriff der „psychischen Feldkraft" ist hier gemeint, dass das Kind einen inneren Drang verspürt, sich der Puppe zu nähern. Das ebenfalls auf dem Tisch liegende Handy dagegen, wird vom Kind zwar möglicherweise wahrgenommen, aber es besitzt in diesem Moment (noch) keine Anziehungskraft. Man erkennt dies daran, dass ihm das Pluszeichen fehlt. Wir können aus dieser Konstellation nun auf das erwartbare Verhalten des Kindes schließen: Wenn keine Hindernisse oder Widerstände im Raum sind, dann wird sich das Kind zur Puppe hinbewegen, um mit ihr zu spielen (vgl. Lewin 1931, S.116/117). Was mögliche Hindernisse oder Widerstände sein könnten, werden wir gleich erörtern. Es handelt sich für Lewin zunächst einmal um eine „relativ einfach[e]" (Lewin 1931, S.116) Situation, weil es sich gewissermaßen um eine natürlich Bedürfnislage handelt (vgl. ebd.). Die wirkende „psychische Feldkraft" (ebd.) könnte ja hier gewissermaßen gefahrlos frei fließen und würde dazu führen, dass sich das Kind körperlich der Puppe nähert und mit dem Spielen beginnt.

Etwas anders, sozusagen komplizierter, würde der Fall – wie nebenstehend dargestellt – liegen. Also wenn es beispielsweise nicht die Puppe des Kindes, sondern vielleicht des Geschwisterchens, wäre, oder aber das Spielen mit der Puppe jetzt in diesem Moment von der Mutter verboten worden wäre, weil z.B. erst die anderen Spielsachen aufzuräumen wären.

*Abb. 4 (adaptiert nach Lewin 1931, S.117), Zeichnung: Jens Bogner*

Dann nämlich gäbe es ein Hindernis für das Kind, d.h. es würde für das Kind eine zweite „psychische Feldkraft“ (Lewin 1931, S.116) wirken (vgl. hierzu Lewin 1931, S.117ff.). Eine zweite Kraft (2) würde der ursprünglich wirkenden Anziehungskraft (1) entgegenwirken. Es würde durch das mütterliche Verbot eine Art Barriere ins kindliche Feld gebracht (vgl. hierzu Lewin 1931, S.117ff.). Diese Kraft wirkt dann als Gegenkraft zur ursprünglich wirkenden Kraft auf das Kind ein. Auf diese Weise entsteht für das Kind ein innerer Konflikt von widerstreitenden Kräften. Solche Konflikte sind gewissermaßen die Grundsituation für die allermeisten Erziehungskonflikte: Das Kind will etwas tun, was es jetzt aus Sicht des Erwachsenen nicht tun soll oder darf bzw. es will etwas nicht tun, was es aus Sicht des Erwachsenen tun sollte oder tun muss (vgl. Lewin 1942a, S.118).[17] Wir werden in der Folge aber noch sehen, dass Erziehung (gerade auch für Kurt Lewin) keinesfalls nur ein Arbeiten gegen kindliche Kräfte ist! Das wäre pure Dressur und Manipulation, ein Formen des Kindes nach den Wünschen des Erwachsenen, das jede eigene kindliche Form und Persönlichkeit verneinen würde. Eine Erziehung zur Selbstbestimmung, zur Mündigkeit zur eigenen Persönlichkeit wäre zwangsläufig zum Scheitern verurteilt.

Dennoch Konflikte wie sie oben beschrieben werden sind ein täglicher Begleiter in der Erziehung, umso wichtiger ist es, diese zu verstehen. Daher will ich Ihnen noch ein Beispiel geben, das spätestens ab ca. dem zwölften Lebensjahr sehr augenfällig und zu einem ständigen Thema im Leben mit Jugendlichen wird: Wie mit dem Handy umgehen?

Betrachten wir auch dies einmal durch die Brille von wirkenden Kräften. Klar ist, für die allermeisten Jugendlichen stellt das Handy einen ständigen Begleiter dar, ein Objekt das höchste Anziehungskraft auf den Jugendlichen ausübt. Ein Objekt, das aufgrund seines sozialen Charakters (das meine ich nicht wertend, sonst müssten wir sagen, dass es gewissermaßen meist eher a-soziale Wirkung entfaltet, weil sich der Jugendliche meist mit dem Handy aus der momentan physisch anwesenden Gemeinschaft verabschiedet…) nie langweilig wird und stetig neue Anziehungskraft generiert (ich könnte ja neue Nachrichten bekommen haben, ein neuer Post im Netzwerk etc.). Die Grundsituation ist zunächst einmal ganz ähnlich wie für das kleine Kind mit der Puppe. Aber gehen wir der Reihe nach entlang der oberen Beschreibung der Grundsituation (vgl. Abb. 5):

---

17 In Kurt Lewins Worten liest sich dies wie folgt: „Die Lehrer, die Eltern oder die Gesellschaft haben sich oft mit dem Problem auseinanderzusetzen, daß jemand gewisse Ziele hat, die er nicht haben sollte, oder daß jemand gewisse Ziele nicht hat, die er haben sollte." (Lewin 1942a, S.118)

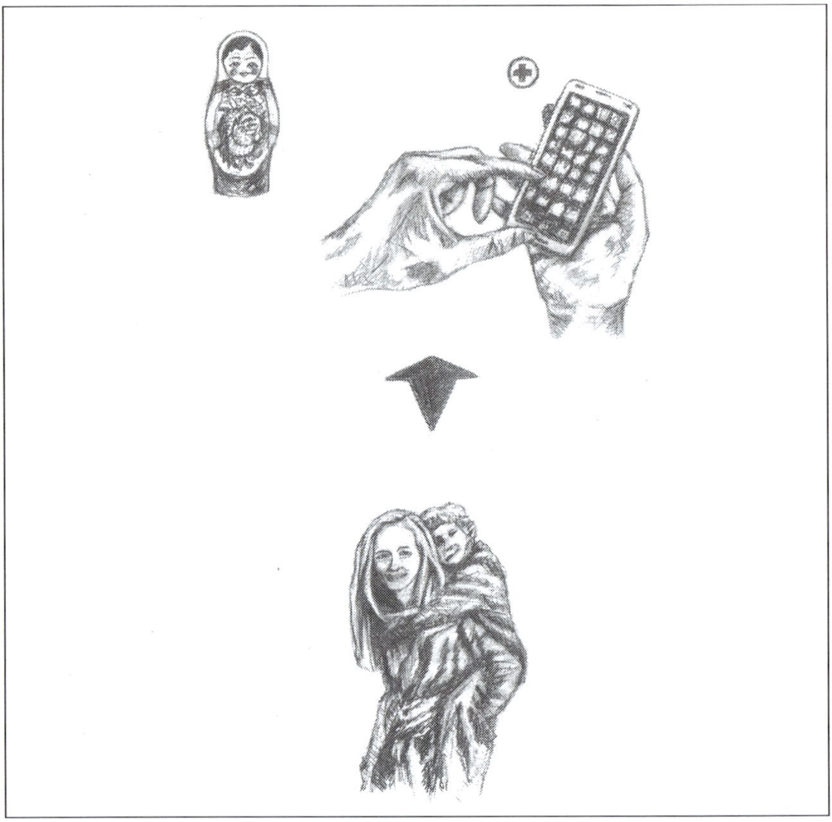

*Abb. 5 (analog nach Lewin 1931, S.116), Zeichnung: Jens Bogner*

Beide bisher beschriebenen Konstellationen sind im Grunde analog zu betrachten: Es gibt Objekte und Tätigkeiten von denen eine positive Anziehungskraft (Handy + oder Puppe +) ausgeht, weil sie auf ein Kind bzw. eine Jugendliche treffen, die in diesem Moment ein bestimmtes Bedürfnis hat. Es sind dies gewissermaßen von ihren Kräften her gesehen sehr „einfache" (Lewin 1931, S.116) Situationen (vgl. ebd.). Ganz analog zum Beispiel mit der Puppe könnten wir die wirkenden Kräfte auch beim Handybeispiel weiter betrachten: Die Eltern werden den häufigen Handygebrauch mit Tadel oder Verboten versuchen zu unterbinden und damit eine Barriere, einen Widerstand ins Feld der Jugendlichen bringen. Diese wird dann möglicherweise versuchen, die Barrieren zu umgehen indem Sie sich über die Verbote hinwegsetzt, das Handy heimlich benutzt oder aber vielleicht durch Aushandlungen den Eltern mehr Handyzeit abzugewinnen versuchen wird, um sich den wirkenden „psychischen Feldkräften“ entsprechend dem Handy bzw. konkret der Handynutzung „zu nähern“.

Bisher haben wir überwiegend Situationen betrachtet, in denen ein Kind bzw. eine Jugendliche von etwas angezogen wird, d.h. ihr Verhalten zu etwas hingezogen wird. Ebenso gibt es aber natürlich auch Situationen, die keine körperliche oder geistige Annäherung sondern eine körperlich oder psychische Abwendung bzw. Abkehr zur Folge haben können (vgl. z.B. Lewin 1969, S.114ff.).

*Abb. 6 (analog nach Lewin 1931, S.116), Zeichnung: Jens Bogner*

Hausaufgaben haben für die meisten Kinder mit zunehmendem Alter einen ausgesprochen negativen Aufforderungscharakter (-). Sie ziehen das Kind nicht von sich aus an, sondern stoßen es eher ab. Alles andere wird interessanter (bekommt also einen positiveren Wert (+)), wenn es darum geht, die ungeliebte Schulaufgabe zu erledigen. Würde das Kind seiner natürlichen Bedürfnislage folgen, dann würde es vermutlich die Aufgaben umgehen, sich also körperlich und psychisch davon entfernen. Kurt Lewin beschreibt das mit der natürlichen Tendenz des „Aus-dem-Feld-gehens“ (Lewin 1933, S.123).

Für den Erziehenden bedeutet dies nicht selten, dass er das Kind zu diesen ungeliebten Aufgaben irgendwie „antreiben“ muss, er muss gefühlt beständig gegen Widerstände arbeiten. Dies wiederum bedeutet aus Sicht des Denkens in Kräften nichts anderes als dass er entweder einen noch größeren negativen Aufforderungscharakter im Feld platzieren muss („Wenn du das nicht machst, dann gibt es heute kein Handy mehr…“), was einer Strafe gleich kommt, oder aber er setzt einen positiven Aufforderungscharakter dagegen, der nach der Erledigung der ungeliebten Hausaufgaben winkt („Nach den Hausaufgaben kannst du das Handy benutzen…“). Lohn und Strafe sind nichts anderes als ein Spiel mit Kräften in der Erziehung aber sie bleiben aus Sicht der Feldtheorie nach wie vor die zentralen Mittel des Zwanges in der Erziehung (vgl. Lewin 1942a, S.119). Sie führen in aller Regel am schnellsten zum vom Erwachsenen gewünschten Ziel der Erledigung oder des Unterlassens eines gewissen Verhaltens. Dabei haben Sie aber psychologisch gesehen ein enormes Problem (vgl. Lewin 1935, S.114-170): Sie korrumpieren das Kind. Wie soll am Ende ein selbstbestimmter Mensch stehen, wenn der Weg dorthin überwiegend mit Mitteln des Zwanges beschritten wurde (vgl. hierzu Kant 1803/1983, S.711).[18] Auch hier werde ich an anderer Stelle eine

18 Kant formulierte dieses Problem als das zentrale Problem der Erziehung in zwei Passagen wie folgt: „Wie kultiviere ich die Freiheit bei dem Zwange?“ (Kant 1803/1983, S. 711) und: „Eines der größten Probleme der Erziehung ist, wie man die Unterwerfung unter den gesetzlichen Zwang mit der Fähigkeit, sich seiner Freiheit zu

Lösung mit den Mitteln der Feldtheorie Kurt Lewins beschreiben, doch an dieser Stelle geht es weiterhin nur darum, zunächst nur das Verhalten bzw. die gefühlte Problematik darin aus der Sicht wirkender Kräfte zu verstehen.

Wir halten bis hierher fest: Verhalten ist Ausdruck des Umgangs mit wirkenden Kräften im Feld des Kindes. In jeder Situation wirken Kräfte, positive wie negative, die jeweils eine bestimmte Richtung und eine bestimmte Stärke haben (vgl. Lewin 1931b, S.180ff.). Durch die Richtung und Stärke der Kräfte entsteht eine dynamische Struktur, eine ganz spezifische Atmosphäre in einer Situation, die wiederum bestimmtes Verhalten beim Kind erzeugt (vgl. Lewin 1953, S.125). Wenn wir diese Kräfte in ihrer Richtung und Stärke verstehen, dann entwickeln wir als Erziehende ein Verständnis dafür, was das Kind in der jeweiligen Situation antreibt, was es zu einem bestimmten Verhalten motiviert. Aus diesem Verständnis heraus wird Erziehung bedeutend wirksamer.

bedienen, vereinigen könne" (Kant 1803/1983, S.711).

**Aus dem 3. Geheimnis ergeben sich im Besonderen folgende Leitsätze für die Erziehung:**

- ✓ Betrachten Sie eine Situation als Wechselspiel von Kräften.
- ✓ Versuchen Sie die Struktur und Gerichtetheit des kindlichen Feldes zu verstehen. Wo gibt es Barrieren für das Verhalten?

**Beobachten Sie Ihr Kind in einer Alltagssituation aufmerksam aber unauffällig unter folgender Fragestellung:**

1. Welche Objekte oder welche Tätigkeiten ziehen mein Kind jetzt in diesem Moment an (+), wirken also als positive Aufforderungscharaktere im Feld meines Kindes. Oder aber: welche Objekte oder welche Tätigkeiten stoßen mein Kind ab, wirken also als negative Aufforderungscharaktere (-).

2. Wie versucht sich mein Kind diesen zu nähern, bzw. welches Verhalten legt es an den Tag, um sich von den ungewünschten Tätigkeiten fern zu halten.

***Vorsicht vor zu schnellen Antworten! In Ruhe beobachten! Die aufmerksame Beobachtung ist wichtiger als die schnelle Antwort! Sie müssen an dieser Stelle überhaupt nicht reagieren, nur beobachten!***

## 4. Geheimnis: Der Lebensraum ist ein individuell psychologisch erlebter Lebensraum

Die Analogie des Magnetfeldes oben, so geeignet sie für die Verdeutlichung der Wirkung von Kräften erscheint, ist in einer weiteren Hinsicht mit Vorsicht zu genießen. Oben hatte ich bereits darauf verwiesen, dass das Kind natürlich „… kein passiver, beliebig durch das Umfeld bestimmbarer Eisenspan“ sei. Hier würde man fälschlicherweise dazu verleitet werden, kindliches Verhalten als einen mechanischen, rein von außen gesteuerten Prozess zu betrachten. Das Kind – so die hier falsche Annahme – kann sich in dieser bestimmten Situation gar nicht anders als sich so zu verhalten, wie es sich verhält. Es wird quasi vom Feld dazu bestimmt, es wird fremdgesteuert, ebenso wie der Eisenspan im Magnetfeld. Das ist selbstverständlich nicht der Fall und ganz besonders nicht aus Sicht der Feldtheorie Kurt Lewins. Das wird mit dem folgenden Geheimnis deutlich werden.

Die Metapher des Magnetfeldes ist aber - zumindest dann, wenn man sie vorschnell und nur oberflächlich verwendet – noch aus einem anderen Grund problematisch: Ich sagte ebenfalls oben, dass die Struktur des Kraftfeldes sichtbar würde, wenn man mehrere Eisenspäne in das Feld streuen würde. Man könnte hier vorschnell den Schluss ziehen, dass sich folglich quasi jedes Kind in dieser Situation gleich verhält. Auch das ist selbstverständlich überhaupt nicht der Fall. Wir werden gleich sehen warum. Diese falsche Betrachtungsweise steckt ja im Grunde gerade als Fehlannahme hinter jeder Erziehungsmethode: Die Methode entspräche bei dieser Betrachtungsweise dem Magnetfeld, das ich als Erziehender aufbaue und wenn ich es „richtig“ mache, wird sich das Kind wunschgemäß verhalten. Dabei wird etwas ganz Zentrales vergessen das ich im hier folgenden 4. Geheimnis betrachten möchte.

Die Analogie des Magnetfeldes muss also mit größter Vorsicht verwendet werden. Sie eignet sich nur dazu, die allgemeine Natur der wirkenden Kräfte zu verdeutlichen, das heißt, zu zeigen, dass es anziehende und abstoßende, sowie unterschiedlich stark wirkende Kräfte im Feld des Kindes gibt und diese eine reale Wirkung auf das Verhalten eines Kindes haben (vgl. Lewin 1931b). Diese Aspekte müssen unbedingt mit einem weiteren Geheimnis ergänzt werden, das gleichzeitig die Erklärung darstellt, warum ein Mensch nicht einfach mechanisch und in gleicher Weise auf diese Kräfte reagiert. Ja noch nicht einmal dasselbe Kind beispielsweise an einem anderen Tag, reagiert in gleicher Weise auf diese Kräfte. Es wäre nämlich vorstellbar, dass eine Stunde später dem Kind der Sinn überhaupt nicht nach dem Spielen mit der Puppe steht, sondern es will in den Arm genommen werden, weil es beispielsweise Bauchweh hat. Die Puppe verliert ihren positiven Aufforderungscharakter (+) in diesem Fall ganz. Das Kind würde in diesem Fall die vom Erwachsenen angebotene Puppe möglicherweise sogar mit der Hand wegschlagen. Das Kind ist eben kein tumber x-beliebiger Eisenspan in einem Magnetfeld, der einfach wie jeder andere Eisenspan auch entsprechend der umgebenden magnetischen Kraftlinien auf das Feld reagiert. Das Geheimnis hier lautet kurz auf den Punkt gebracht: Jeder Mensch nimmt ein und dieselbe Umwelt unterschiedlich wahr. Wir haben dies gewissermaßen schon oben am Beispiel des kleinen Kindes und der jugendlichen Schwester gesehen: Das kleine Kind sieht die Puppe auf dem Tisch, die große Schwester in der äußerlich genau gleichen Umgebung das Handy:

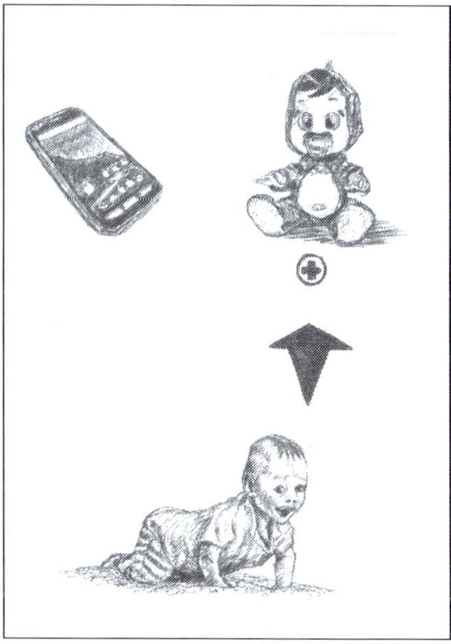

Abb. 7 (adaptiert nach Lewin 1931, S.116)

Abb. 8 (adaptiert nach Lewin 1931, S.116)

Ein und dieselbe Umwelt wird auf der Grundlage unserer unterschiedlichen Wünsche, Erfahrungen, Ängste, Kompetenzen und insbesondere unserer momentan vorherrschenden Bedürfnisse unterschiedlich wahrgenommen. Konstruktivisten[19] und verschiedene Neurowissenschaftler wie beispielsweise Gerhard Roth (2009) sprechen an dieser Stelle von einer Struktur- und Zustandsdeterminierung (vgl. Siebert 2005, S.19). Hiermit ist gemeint, dass sowohl unser individuell durch Entwicklung, Lernen und Erfahrung im bisherigen Leben aufgebautes Wissen (d.h. ihre kognitiven Strukturen), als auch ihre momentanen Gefühle und Bedürfnisse (d.h. ihr emotionaler Zustand) ganz wesentlich bestimmen, was Sie

19 Der Konstruktivismus ist eine philosophische Erkenntnistheorie, die man im Grunde bis auf Immanuel Kant zurückführen kann. Vor allem der so genannte „moderate Konstruktivismus" mit seiner Lerntheorie spielt seit den 90er Jahren für schulisches Lernen eine zentrale Grundlage für schülerorientierte Lehr-/Lernformen dar (vgl. z.B. Siebert 2005). Die konstruktivistische Lerntheorie ist neben dem klassischen Reiz-Reaktions-Lernen (Behaviorismus) und dem Lernen als geleitete Informationsverarbeitung (Kognitivismus) die dritte große Lerntheorie dar (vgl. Mietzel 1998). Diese konstruktivistische Lerntheorie argumentiert stark mit neurowissenschaftlichen Grundlagen (vgl. z.B. Siebert 2005).

in einer konkreten Situation wahrnehmen, was Sie interessiert und bewegt (vgl. z.B. Siebert 2005, S.31ff.). Der Konstruktivist Horst Siebert drückt das in einem Zitat wie folgt aus: „Wir sehen, was wir wissen, was wir mental verknüpfen können, was wir sehen wollen und was wir sehen müssen, um erfolgreich handeln zu können" (Siebert 2005, S.31).

Ich verdeutliche meinen Studierenden dieses Phänomen immer gerne am folgenden Beispiel, das in verschiedenen Varianten immer wieder in sozialen Netzwerken kursiert (siehe untenstehenden Kasten). Lesen Sie bitte den folgenden Kasten, ohne gleich unter dem Kasten weiterzulesen. Nehmen Sie sich Zeit. Ich verspreche Ihnen, es wird sich ein aha-Erlebnis einstellen. Sie müssen sich, sofern Sie dieses Rätsel nicht kennen, etwas Zeit lassen. Sie werden jedoch etwas Faszinierendes feststellen: Es macht gewissermaßen an einem bestimmten Punkt „Klick".

„Gmäeß eneir Sutide eneir elgnihcesn Uvinisterät, ist es nchit witihcg, in wlecehr Rneflogheie die Bstachuebn in eneim Wrot snid, das ezniige was wcthiig ist, ist, dasas der estre und der leztte Bstabcheue an der ritihcegn Pstoiion snid. Der Rset knan ein ttoaelr Bsinöldn sien. Tedztorm knan man ihn onhe Pemoblre lseen. Das ist [auch deshalb] so, weil wir nchiht jeedn Bstachuebn enzelin leesn, snderon das Wort als gseatems. Ehct ksras! Das ghet wicklirh!"

Quelle: https://www.programmwechsel.de/lustig/humor/studie-englische-universitaet.html (online am 20.1.2019 um 11.26 Uhr)

Ich hoffe, es hat „Klick" gemacht, und Sie konnten den Text plötzlich fließend lesen. Was ist hier passiert? Nun, Sie haben – meist völlig unbewusst – mehrere Muster erkannt: Der erste und der letzte Buchstabe der Wörter ist „richtig". Alle Buchstaben, die ins Wort gehören sind da, allerdings zwischen dem ersten und letzten Buchstaben durcheinandergewürfelt. Die „Wörter“ stehen in der richtigen Reihenfolge, Satzzeichen helfen ihnen bei der Entschlüsselung, verschiedene Wörter konnten aufgrund ihrer Kürze nicht durcheinandergewürfelt werden. All das hilft ihnen dabei, die „Wirklichkeit“ zu entschlüsseln, und den Text zu lesen. Was jedoch tatsächlich im Kasten abgedruckt ist, ist eigentlich genauer betrachtet totaler Unsinn. Die Entschlüsselung der Botschaft ist eine reine Konstruktionsleistung ihres Gehirns.

Was hat das aber nun mit Struktur- bzw. Zustandsdeterminierung zu tun? Nun, hätten Sie in Ihrem bisherigen Leben nicht lesen gelernt (Sie verfügen über die *Kompetenz* zu Lesen), und bereits unzählig viel Leseerfahrung (*Erfahrung*) gesammelt, dann könnten Sie dieses Rätsel nicht lösen. Ein kleines Kind, das gerade Lesen gelernt hat und noch nicht über diese Leseerfahrung und -kompetenz verfügt, wird den Text nicht entschlüsseln können (Probieren Sie es ruhig aus!). Wäre der Text darüber hinaus nicht auf Deutsch, sondern Spanisch verfasst, und Sie wären des Spanischen nicht mächtig, dann könnten Sie den Text ebenfalls nicht entziffern. Ihnen fehlt dann die Sprachkompetenz, die hier Voraussetzung für die Konstruktion darstellt. D.h. Ihre kognitive Struktur (Lesekompetenz, Sprachkompetenz, Leseerfahrung etc.) bestimmt ihre Möglichkeiten, die „Wirklichkeit“ um sie herum zu entschlüsseln.

Nun hinkt allerdings auch dieses Beispiel ein wenig, weil es insgeheim doch den Eindruck vermitteln könnte, dass wir alle unsere Umwelt gleich wahrnehmen. Schließlich lesen hier alle nach einiger Zeit den gleichen Text, bzw. entziffern denselben Inhalt, dass es nämlich „Gemäß einer Studie an einer englischen Universität …“. Bezogen auf die Wahrnehmung und Entschlüsselung unserer konkreten Umwelt jedoch wird es in dieser Hinsicht aus Sicht Lewins noch etwas komplizierter. Im Grunde würde hier – wenn wir dem Beispiel dieses Rätsels weiter folgen würden - jeder einen anderen Text lesen.

Vergegenwärtigen wir uns auch diesen Aspekt an einem konkreten Beispiel, dann wird es deutlicher. Sie beschließen an einem heißen Sommertag mit ihren beiden Kindern, nehmen wir an sie wären fünf und sieben Jahre alt in den nahen Park zu gehen. Dort gibt es schöne schattige Bäume, die zum darunter Verweilen, Picknicken und Lesen einladen. So zumindest könnte ihre Vorstellung von einem gemütlichen ruhigen Nachmittag im Park aussehen. Für alle anderen Tätigkeiten wäre es heute ohnehin zu heiß. Im Park angekommen, finden Sie auch gleich einen schönen Platz unter einem Kastanienbaum, dessen Äste am Baum schön tief ansetzen, so dass sie ein schattiges Dach bilden. Ein idealer Platz zum Ruhen und Lesen. Sie breiten die Picknickdecke aus, holen die Bücher aus dem Korb. Soweit Ihre Perspektive und Sicht auf die gegenwärtige Situation.

Ihre fünfjährige Tochter allerdings nimmt vermutlich weniger den angenehmen Schatten und das von Ihnen bereitgelegte Buch wahr, sondern sie sieht eher die Möglichkeit des Kletterns in der schönen Kastanie. Die tiefen Äste sind für sie weniger interessant, weil Sie ein schattiges, schützendes Dach spenden, sondern weil sie geschickt erreichbar sind und den Einstieg in den Baum ermöglichen. Allerdings könnte man von diesem Baum auch ganz schön weit herunterfallen, so wie neulich, vom Klettergerüst im Kindergarten. Das hatte mächtig weh getan und Ärger von der Erzieherin gab's obendrauf, weil sie nicht gefragt hatte, ob sie klettern darf. Aber von dort oben hat man ganz bestimmt einen richtig guten Ausblick. Andererseits wird die Mutter dann wieder Angst haben. Und so weiter… Das könnten ein paar der Gedanken der Fünfjährigen in dieser Situation sein.

Die Siebenjährige wiederum wird schnell die Klassenkameraden auf der Wiese entdecken, die Fußballspielen. Ob die mich wohl mitspielen lassen? Letztes Mal musste ich die ganze Zeit ins Tor und bei der Mannschaftseinteilung war ich die letzte die sie gewählt haben. Kein schönes Gefühl, aber ich mag Fußballspielen.

Ein und dieselbe äußere Situation für alle drei, aber alle nehmen dieselbe äußere Situation jetzt unter dem Kastanienbaum im Park ganz unterschiedlich wahr. Die Mutter sieht vor allem den Schatten, die Fünfjährige die Möglichkeit zu Klettern, die Siebenjährige die Klassenkameraden, die Fußball spielen. Unterschiedliche Kräfte wirken auf jede der drei. Wenn man diese eine, jetzt im Moment vorfindbare Situation und ihre jeweilige Wahrnehmung, in ihren Kräften darstellen wollte, dann könnten sich die Situationen wie folgt veranschaulichen lassen:

*Abb.9 (adaptiert nach Lewin 1931b, S.187), Zeichnung: Jens Bogner*

Wir sehen, die Sonne, die hoch am Himmel steht und mit voller Kraft für heiße Temperaturen sorgt, hat weder für die Fünfjährige noch für die Siebenjährige irgendeine Relevanz. Für die Mutter hingegen sehr wohl. Sie weiß um die Gefahren eines Sonnenbrands oder gar Sonnenstichs (-). Genau daher bekommt der große alte Kastanienbaum für Sie auch seinen positiven Aufforderungscharakter (+). Er spendet nämlich Schatten. Für die Fünfjährige hat der Kastanienbaum ebenfalls einen positiven Aufforderungscharakter {+}, aber aus einem ganz anderen Grund: Man kann gerade weil die Äste so schön weit unten am Stamm ansetzen wunderbar hochklettern. Gleichzeitig aber kann man natürlich auch runterfallen und das könnte weh tun, daher zieht der Baum das Kind nicht nur an (+), sondern hat gleichzeitig auch eine gefährliche Seite (-). Der Kastanienbaum hat für die Siebenjährige in dieser Situation wiederum überhaupt keine Relevanz, also weder als positiver Aufforderungscharakter noch als negativer, weil sie im Moment weder an Schatten noch ans Klettern denkt, sondern ans Fußballspielen. Dieses hat für sie in dieser Situation einen positiven Aufforderungscharakter (+). Aber auch hier gibt es eine Kraft, die dem entgegenwirkt, nämlich die Frage, ob sie überhaupt mitspielen darf (-). Für die Siebenjährige wirken gewissermaßen soziale Kräfte der eigentlichen Lust aufs Fußballspielen entgegen. Für die Mutter wirken darüber hinaus noch eine ganze Reihe anderer Kräfte, wie beispielsweise die Wichtigkeit des Lesens für die Kinder (+), die Möglichkeit sich bequem hinsetzen zu können (+), die Gefahr von Zecken, die möglicherweise auf der Wiese und unter dem Baum lauern (-) usw. Alles Aspekte, die für die Kinder (noch) gar keine Relevanz haben, zumindest für diese Kinder in der jetzigen Situation.

Auch dies stellt vielleicht auf den ersten Blick betrachtet kein Geheimnis dar, aber wir vergegenwärtigen uns die Tragweite dieses Faktums viel zu selten, vor allem nicht im Eifer des Gefechtes bzw. genauer gesprochen, im Eifer eines hitzigen Konfliktes mit dem Kind. Viele Konflikte, und das gilt auch und gerade für die Erziehung, entstehen, weil wir natürlich ganz selbstverständlich von unserer Sicht der Dinge überzeugt sind, d.h. wir gehen davon aus, dass auch das Kind eine bestimmte Situation genauso wahrnimmt, wie wir das tun. Man nennt das einen „naiven Realismus“: Es gibt die Welt da draußen und es gibt sie unabhängig von uns, genauso wie es ein objektives (d.h. von uns unabhängiges) Richtig und ein Falsch gibt. Und natürlich haben wir Erwachsenen mit unserem mehr an Erfahrung und Wissen schon gelernt, was „richtig“ ist. Auf was uns dieses Geheimnis hinweist ist schlicht: Relativieren Sie Ihre Sicht der Dinge und verschaffen Sie sich Einblick in die Sichtweise Ihres Kindes. Versetzen Sie sich in seine Perspektive und versuchen Sie immer wieder Situationen aus dieser Perspektive zu sehen. Die „Wirklichkeit“ hat unendliche viele Facetten und Gesichter, Ihre eigene Perspektive ist nur eine davon. Die Beobachtungsaufgabe an dieser Stelle ist ganz ähnlich wie im 3. Geheimnis und lautet:

Aus dem 4. Geheimnis ergeben sich im Besonderen folgende Leitsätze für die Erziehung:

- ✓ Der Lebensraum ist immer ein individuell psychologisch erlebter Lebensraum.
- ✓ Kindliches Verhalten ist immer eine Reaktion auf diesen psychologisch erlebten Lebensraum.
- ✓ Wie wir einen Lebensraum bzw. eine Situation in diesem Moment wahrnehmen, hängt von unseren bisherigen Erfahrungen, unserem Wissen (Strukturdetermi-nierung) und unseren Bedürfnissen und Ängsten ab (Zustandsdeterminierung).

Beobachten Sie Ihr Kind in einer Alltagssituation aufmerksam aber unauffällig unter folgender Fragestellung:

1. Welche Objekte oder welche Tätigkeiten ziehen mich jetzt in diesem Moment an (+), wirken also als positive Aufforderungscharaktere in meinem Feld. Oder aber: welche Objekte oder Tätigkeiten stoßen mich ab, wirken also als negative Aufforderungscharaktere (-).

2. Welche Objekte oder welche Tätigkeiten ziehen mein Kind jetzt in diesem Moment an (+), wirken also als positive Aufforderungscharaktere im Feld meines Kindes. Oder aber: welche Objekte oder welche Tätigkeiten stoßen mein Kind ab, wirken also als negative Aufforderungscharaktere (-).

3. Bitten Sie Ihr Kind darum, einmal zu schildern, wie es seine Umgebung jetzt im Moment sieht, d.h. was würde es gerne tun, was nicht, was ist ihm wichtig?

*Vorsicht vor zu schnellen Antworten! In Ruhe beobachten! Die aufmerksame Beobachtung ist wichtiger als die schnelle Antwort! Sie müssen an dieser Stelle überhaupt nicht reagieren, nur beobachten und herausfinden, wo es Abweichungen zu Ihrer Sicht der Dinge gibt!*

## 5. Geheimnis: Wirklich ist was Wirkung hat (I)

… und nicht was „wirklich" ist. Das fünfte Geheimnis knüpft unmittelbar an das vierte Geheimnis an und erweitert die hier gewonnene Perspektive nochmals um einen Aspekt, der gemeinhin vergessen wird, ohne den jedoch meines Erachtens nach, kein wirkliches Verständnis kindlichen Verhaltens möglich ist: Die Sicht und Perspektive des Kindes einzunehmen, darum geht es, wenn wir das vorangehende 4. Geheimnis auf den Punkt bringen wollten. Das ist quasi der erste Schritt zu einem besseren Verständnis kindlichen Verhaltens, es fehlt aber noch ein entscheidender zweiter Schritt, der häufig außer Acht gelassen wird: Die Sicht des Kindes bzw. Jugendlichen kann bisweilen sehr eigen sein und muss keinesfalls etwas mit der „objektiven", also tatsächlich vorliegenden Wirklichkeit zu tun haben. Darum geht es im hier beschriebenen 5. Geheimnis.

Wenn wir von unterschiedlichen Sichtweisen und Perspektiven auf die Realität bzw. eine konkrete Situation ausgehen, dann geht es dabei meist darum, wer Recht hat bzw. wer näher an der tatsächlichen Realität liegt. Dies ist mit Lewin ein müßiges, unfruchtbares Herangehen an eine Situation, weil es das Verhalten nicht verstehbar macht. Zunächst geht es nur darum, zu verstehen, warum sich jemand so verhält, wie er sich verhält. Mit dem Einnehmen und Nachvollziehen der kindlichen Perspektive geht es keinesfalls darum, zu behaupten, dass diese Sicht richtiger oder besser als unsere Sicht ist. Das heißt auch gar nicht, dass der eine Recht und der andere Unrecht hat. Es heißt zunächst einfach nur, dass es verschiedene Sichtweisen auf ein und dieselbe Situation bzw. „Realität" gibt. Diese verschiedenen Sichtweisen zwischen Erwachsenem und Kind hängen vom unterschiedlichen Entwicklungsstand, von gemachten Erfahrungen im bisherigen Leben, von momentanen Bedürfnissen, Stimmungen und Vielem mehr ab. Wenn ich den Anderen in seinem Verhalten, seinen Aktionen und Reaktionen verstehen will - und darum geht es eigentlich -, dann muss ich mich zunächst vorbehaltlos und absichtslos auf diese andere Sichtweise einlassen. Ich muss versuchen, mich in die Lage des anderen hinzuversetzen, mich gewissermaßen „in seine Schuhe stellen" und von dort aus auf die Situation blicken. Das heißt jedoch nicht, dass ich zu allem ja und Amen sagen muss.

Dieses Sich-Einlassen auf die Sichtweise des Anderen , auf seine „Wirklichkeit", ist deshalb so wichtig, weil wir nur dann sein Verhalten richtig deuten können und ohne dies können wir dieses Verhalten bei Bedarf in einem zweiten Schritt auch nur sehr viel schwerer in andere Bahnen lenken. Es wird dann zu einem mühsamen Anarbeiten gegen bestehende Kräfte. Mit einem gründlichen Verständnis jedoch können wir mit diesen Kräften agieren. Es ist dann wie beim Segeln: Man muss wissen wo der Wind herkommt, um das Schiff mit Hilfe des Ruders in die entsprechende Stellung zu bringen, um in eine gewünschte Richtung zu kommen. Es ist auf diese Weise für einen versierten Segler sogar möglich, sich gegen den Wind vorwärts zu bewegen, wenn auch eben nicht auf direktem Wege.

Das fünfte Geheimnis geht im Hinblick auf die Perspektive des Kindes auf eine Situation bzw. die „Wirklichkeit" noch einen Schritt weiter als das vierte Geheimnis, wenn es zunächst einmal die tatsächliche, „objektive" von der subjektiven Wirklichkeit des anderen unterscheidet. Genau genommen handelt es sich um eine subjektive *psychologische* Wirklichkeit, d.h. eine Wirklichkeit, die eben dem anderen in seiner Wahrnehmung, in seinem Fühlen und Denken so erscheint. Wenn ich mit Lewin sage: „*Wirklich ist, was wirkt.*" (Lewin 1969, S.41; Hervorhebung im Original) und nicht wie es einem Außenstehenden (wie z.B. uns Erwachsenen) objektiv erscheinen mag (vgl. ebd.), so verweist dies radikal auf die individuelle subjektive Innenperspektive des Kindes und eben nicht darauf, wie uns eine Situation als Außenstehende objektiv erscheinen mag (vgl. ebd.). Nur diese subjektive, psychologische Innenperspektive des Kindes ist ursächlich für sein Verhalten. Lewin prägte hierfür den Begriff der inneren „psychologischen Situation" (ebd.) im Unterschied zur äußeren phänomenologisch erscheinenden Situation. Lassen Sie mich das an einem Zitatbeispiel Lewins verdeutlichen:

> *„Die Mutter, der Vater, die Geschwister sind nicht nur dann als reale Fakten in die psychologische Situation eines Kindes einzubeziehen, wenn sie für das Kind direkt wahrnehmbar sind. Das Kleinkind, das im Garten spielt, verhält sich zum Beispiel typisch anders, wenn es die Mutter zu Hause* ***meint****, als wenn es sie abwesend weiß."*
>
> (Lewin 1969, S.41; Hervorhebungen nicht im Original)

In diesem Zitat stecken gewissermaßen gleich zwei Geheimnisse. Das erste bezieht sich auf den ersten Satz. Lewin benennt hier mit Mutter, Vater und Geschwistern für das Kind relevante Personen, also Personen, die den Lebensraum des Kindes durch ihre Werte und Normen, durch ihre besondere Art sich zu verhalten und zu denken ganz entscheidend prägen. Worauf Lewin hier hinweist ist die Tatsache, dass diese Personen vom Kind sozusagen „verinnerlicht" werden, d.h. sie können das kindliche Verhalten auch dann beeinflussen, wenn sie in der momentanen objektiven Situation gar nicht anwesend sind. Als Beispiel könnte man hier an den strengen Vater denken, dem hervorragende schulische Leistungen sehr wichtig sind. Dieser Vater wird dann quasi psychologisch gesehen, also aus der Innenperspektive des Kindes betrachtet, stets neben dem Kind im Unterricht sitzen.[20] Er könnte der Grund sein, warum das Kind sich nicht getraut im Unterricht etwas beizutragen, weil es sich nicht sicher ist, ob seine Antwort richtig ist. Der strenge Vater könnte der Grund sein, warum sich das Kind in jedem Moment in der Schule unter enormem Druck befindet und Versagensangst entwickelt, vielleicht sogar zu stottern beginnt, weil es den Druck als so enorm empfindet. Eben auch dann, wenn der Vater in der tatsächlichen Situation im Unterricht gar nicht anwesend ist. Schule und im weiteren Lebensverlauf auch das Lernen ganz generell könnte vom Kind

---

20 Natürlich ist das keine mechanische Kausalität, im Sinne von jedes Kind reagiert in gleicher Weise auf eine solche Bedrohung aber zumindest besteht die große potentielle Gefahr, gerade bei kleineren Kindern im Grundschulalter und was dort angelegt ist, bleibt nicht selten ein Thema.

mit dem Vater assoziiert werden und - irgendwann dann unbewusst - bleiben. Der Vater mag irgendwann nicht mehr bewusst anwesend sein, der Leistungsdruck allerdings wird bleiben. In Form von mentalen Leitsätzen wie etwa: „Mach es immer perfekt!“ „Sei besser als die anderen!“ „Mach keine Fehler!“, denn nur dann bekommst du (meine) Anerkennung und wirst geliebt. Lernen wird in einem solchen Fall vom Kind meist als Bedrohung empfunden werden, was fatal in einer solch dynamischen Gesellschaft wie der unseren ist, weil quasi aufgrund der rasanten Weiterentwicklungen sowohl im Privaten als auch in der Berufswelt lebenslang gelernt werden muss. Welch enormer Druck hier psychologisch für das Kind entstehen kann, beschreibt Lewin an einer anderen Stelle am Beispiel der 10-jährigen Martha (vgl. Lewin 1931, S.137):

> *„Die Angst vor mangelhaften Leistungen [in der Schule] zeigte sich besonders kurz vor Ostern – als die Frage der Versetzung auftrat. Sie wurde so stark, daß das Kind öfters nachts aus dem Schlaf aufschreckte, zum Bett der Mutter lief und bei ihr bleiben wollte, weil es sich fürchtete. Die Eltern behandeln die Martha sehr streng. Und die Mutter droht einmal: ‚Wenn du nicht versetzt wirst, brauchst du nicht nach Hause zu kommen!‘ Das Kind trug sich nach dieser Äußerung mit Selbstmordgedanken.“*
>
> (Dohme 1930, S.458;
> zitiert in: Lewin 1931, S.137)

Eine solche Entwicklung ist fatal, gerade in unseren dynamischen Zeiten des lebenslangen Lernens. Umso wichtiger ist es, dass Sie sich damit auseinandersetzen, welche Werte und Normen und welche Haltungen Sie an Ihr Kind weitergeben. Wenn diese so ein großes Potential haben, als Leitsätze verinnerlicht zu werden, dann nutzen Sie diesen Aspekt und seien Sie ein liebevoller und verständnisvoller Begleiter, aber das geht jetzt über das reine Verständnis kindlichen Verhaltens hinaus und wird an anderer Stelle nochmals ausführlicher behandelt werden. Ich sage dies an dieser Stelle nur, weil sich gerade psychosomatische Erkrankungen, Schulangst bis hin zum Schulabsentismus (d.h. Kinder gehen gar nicht mehr zur Schule) zu einem immer größeren Problem von Kindern und Jugendlichen entwickeln (vgl. z.B. Ravens-Sieberer 2007; Schulte-Körne 2016). Der renommierte Psychiater und Psychotherapeut Christian Peter Dogs spricht gar von einem Drittel der 9-14-jährigen die über regelmäßigen Stress berichten, der sich in körperlichem Unwohlsein wie Kopfweh, Schlafprobleme und Bauchschmerzen äußert (Dogs 2017). Das ist sicherlich ein gesellschaftliches Thema, aber Eltern müssen dies dennoch im Auge behalten und präventiv handeln. Entsprechend verinnerlichte Werte und Normen können entweder ganz wesentlich zu diesen Problemen beitragen oder aber, wenn positiv eingesetzt, als Schutzmechanismus die Kinder davor bewahren.

Kommen wir zum zweiten Geheimnis des obigen Zitates zurück. Wir haben den zweiten Satz noch nicht näher betrachtet. Er lautete: „Das Kleinkind, das im Garten spielt, verhält sich zum Beispiel typisch anders, wenn es die Mutter zu Hause *meint*, als wenn es sie abwesend weiß." (Lewin 1969, S.41; Hervorhebungen nicht im Original) Entscheidend für das Verhalten des Kleinkindes ist also nicht, was tatsächlich, also objektiv der Fall ist, nämlich, ob die Mutter zuhause, also in direkter Reichweite, ist, sondern entscheidend für das Verhalten des Kindes ist, was das Kind *glaubt*. Wenn es die Mutter beispielsweise zuhause *meint*, wird es sich vermutlich sicherer fühlen und aus diesem Sicherheitsgefühl heraus anders agieren, als wenn es glaubt, die Mutter sei nicht zuhause. Es spielt dabei gar keine Rolle, was tatsächlich der Fall ist. Die entscheidende Wirkung für das Verhalten geht allein vom *Glauben* des Kindes aus!

Dieser Aspekt spielt bei zahlreichen Situationen eine entscheidende Rolle und er wird allzu häufig überhaupt nicht beachtet. Die tatsächliche kindliche Umwelt - also wie sie beispielsweise uns als Außenstehenden erscheint - muss unterschieden werden von der psychologisch tatsächlich vom Kind erlebten kindlichen Umwelt (vgl. Lewin 1969,

S.40ff.). Diese psychologisch tatsächlich vom Kind erlebte kindliche Umwelt gilt es zu erfassen, wenn man das Verhalten wirklich verstehen will (vgl. ebd.). Viele Erwachsene haben diesen kindlichen Blickwinkel verloren. Ein weiteres Beispiel, das Lewin wählt und das sicherlich heute etwas antiquiert wirkt[21], das aber nochmals schön sichtbar macht, was gemeint ist, ist folgendes:

> *„Wenn die Mutter einem ungezogenen Kind mit dem Polizisten droht, und das Kind nun aus Angst vor dem Polizisten eine bestimmte Handlung ausführt, so kommt es für Darstellung und Erklärung des Verhaltens des Kindes nicht auf die rechtliche oder soziologisch tatsächliche Macht des Polizisten über das Kind an, sondern auf jene Macht, die der Polizist dem Glauben des Kindes gemäß besitzt."*
>
> (Lewin 1969, S.69)

Der Polizist hat natürlich, tatsächlich betrachtet, überhaupt keine Macht über das Kind, aber das ist für das tatsächlich beobachtbare kindliche Verhalten völlig belanglos. Entscheidend für das kindliche Verhalten ist allein, was es für möglich hält bzw. was es selbst glaubt. Genauso wird letztlich bei unserem Parkbeispiel mit der alten Kastanie oben entscheidend sein, was die Siebenjährige glaubt, wie sich die anderen Kinder ihm gegenüber verhalten werden. Entscheidend für sein jetzt beobachtbares Verhalten und für sein emotionales Empfinden wird nicht sein, wie sie sich tatsächlich verhalten werden oder was sie tatsächlich über sie denken. Es wäre ja auch denkbar, dass sie sie tatsächlich für eine ganz gute Fußballerin halten und sie eben zufällig das letzte Mal als Letzte gewählt wurde, weil sie sie noch nicht so gut kannten oder sie ins

---

21 Wobei ich mir seit zwei Tagen bezüglich meiner Einschätzung, dass dies „antiquiert" sei, gar nicht mehr so sicher bin. Eine Mutter hat mir im Gespräch erzählt, dass ihr Kind wahnsinnig ungern in die Schule gehe. Das habe sich erst gebessert, als sie ihrem Kind sagte, dass es eine Schulpflicht gebe und im Zweifel die Polizei kommen werde und das Kind in die Schule bringen werde... Das ist für mich unbegreiflich. Diese „Lösung" des Problems wird zu einem großen Problem werden.

Tor musste, weil ihre damaligen Mitspieler bekannter Weise schlecht im Tor sind. Aber entscheidend wird nicht die tatsächliche Sachlage sein, sondern was die Siebenjährige denkt bzw. für wirklich hält. Die Siebenjährige schafft sich ihre ganz eigene Realität, natürlich auf der Grundlage ihrer Erfahrungen, die sie dann entsprechend interpretiert und in „Glaubenssätze“ umformt, die dann ihr weiteres Verhalten steuern werden.

Dieses Geheimnis gilt für Kinder genauso wie für uns Erwachsene. Wenn wir es ernst nehmen, dann fordert es uns auf, unsere Positionen, Wahrheiten und Glaubenssätze einmal genauer auf Ihre „Wirklichkeit“ hin unter die Lupe zu nehmen. Wir würden dann vermutlich erkennen, dass wir in vielen Belangen in einer Illusion leben. Bei Kindern jedoch kommen im Hinblick auf die hier beschriebene psychologische Wirklichkeit weitere verschärfende Aspekte hinzu. Erstens fehlt Kindern, je nach Alter, natürlich konkretes Wissen und konkrete Erfahrungen, die ihnen dabei helfen ihre Wirklichkeitskonzepte genauer auszudifferenzieren. So geht es im Laufe der Entwicklung natürlich sehr wohl darum, die eigenen subjektiven Wirklichkeitskonzepte, den objektiven anzunähern um dem Verhalten verlässliche Leitplanken zu setzen. Übertragen auf unser Beispiel, bei dem die Mutter mit der Polizei droht, würde dieses Mittel seitens der Mutter bei einem 14-Jährigen nicht mehr wirksam eingesetzt werden können, weil er inzwischen weiß, dass ihm hier nichts drohen würde, wenn er den Wünschen der Mutter nicht entspricht. Ja allein die Vorstellung, dass sich ein 14-Jähriger davon beeindrucken ließe, wirkt in diesem Alter grotesk komisch. Dieses Mittel also hat in diesem Fall seine Macht verloren. Zweitens geht Lewin in seinem Entwicklungskonzept davon aus, dass ein kleines Kind noch nicht so klar zwischen Realität (R) und Irrealität (I) unterscheiden kann (vgl. Lewin 1946, S.278ff.; Bogner 2017, S.148ff.): Beim kleinen Kind liegen beide „Ebenen“ (Lewin 1946, S.278) noch viel dichter beieinander (Abb. 11). Während beim älteren Kind/Jugendlichen bzw. Erwachsenen sich beide Ebenen deutlicher voneinander geschieden haben und einen größeren Abstand aufweisen (Abb. 11) (vgl. ebd.). Diesen Unterschied zeigen die

Abbildungen 10 und 11 und dieser Unterschied hat weitreichende Folgen für das Verständnis kindlichen Verhaltens.

**Kleines Kind (ca. bis 6 Jahre):**

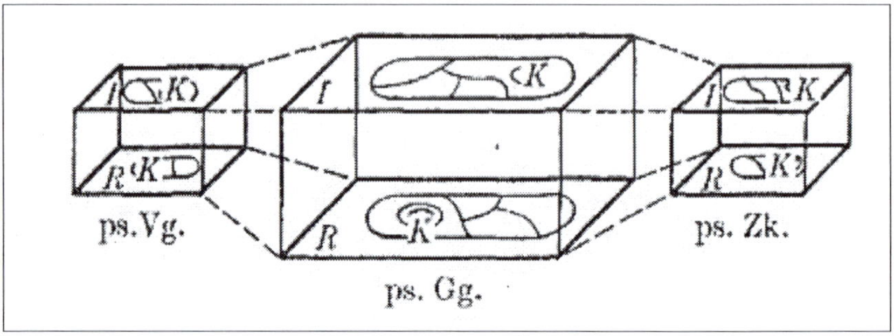


*Abb.10 Quelle: Lewin 1946, S.279*

**Älteres Kind/Jugendliche(r) (ab ca. 7/8 Jahre):**

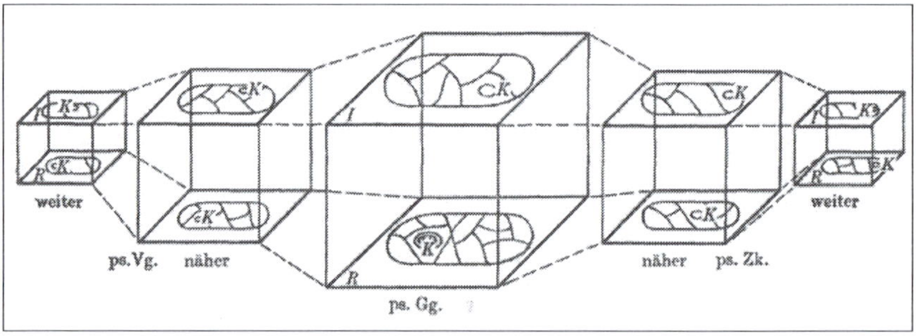


*Abb.11 Quelle: Lewin 1946, S.279*

**Legende:**

| | |
|---|---|
| *K – Kind* | *ps.Vg. – psychologische Vergangenheit* |
| *I – Irrealitätsebene (z.B. Phantasie, Traum).* | *ps.Zk. – psychologische Zukunft* |
| *R- Realitätsebene (die „Wirklichkeit“).* | *ps.Gg. – psychologische Gegenwart* |

Die Abbildungen zeigen insgesamt zahlreiche weitere Unterschiede zwischen einem kleinen Kind (Abb. 10) und einem älteren Kind/Jugendlichem bzw. Erwachsenem (Abb. 11), die ebenfalls für das Verständnis von Verhalten relevant sind und zum Teil im folgenden 6. Geheimnis nochmals eine Rolle spielen werden (z.B. die größere Ausdifferenzierung des psychologischen Lebensraumes des Kindes (K)). Wir konzentrieren uns hier jedoch zunächst nur auf die Abstände zwischen unterer „Realitätsebene" (Lewin 1946, S.278), die im Schaubild jeweils mit R bezeichnet wird, und oberer „Irrealitätsebene" (ebd.), die jeweils mit I gekennzeichnet ist, sowie auf den Aspekt der „psychologischen Vergangenheit" (ps.Vg.) und der „psychologischen Zukunft" (ps. Zk.).

Mit der „Irrealitätsebene" (I) meint Lewin die kindliche Phantasie, die Welt der Träume und Wünsche ebenso wie die Welt der Ängste und Befürchtungen (vgl. Lewin 1946, S.278ff.). Die „Realitätsebene" (R) hingegen meint schlicht die Welt der Tatsachen (vgl. Lewin 1942a, S.117). Die Macht des Polizisten auf das kleine Kind aus unserem obigen Beispiel entspringt genau diesem noch engen beieinander liegen der „Irrealitätsebene" und der „Realitätsebene". Das Kind hält diese Macht schlicht für tatsächlich möglich, verschiebt also etwas das für die Mutter klar in der Irrealitätsebene liegt in die Realitätsebene. Der Polizist muss noch nicht einmal tatsächlich in der momentanen Lebenswelt des Kindes anwesend sein, dadurch dass ihn die Mutter „ins kindliche Feld" führt, gewinnt er eine reale Position im Feld des Kindes und damit erhält er Macht und kann das Verhalten des Kindes in eine bestimmte, von der Mutter gewünschte, Richtung bewegen. Genau das ist gemeint, wenn Lewin ausführt: „Wirklich ist, was wirkt." (Lewin 1969, S.41; Hervorhebung im Original).

Dieses enge Beieinanderliegen beider Ebenen ist auch der Grund, warum Märchen mit ihren Phantasiegestalten eine solche Wirkung auf Kinder entfalten. Kinder halten diese bis zu einem gewissen Alter schlicht für real, ebenso wie den Weihnachtsmann, den Osterhasen und den nächtlichen Traum. Auch Wahrheit und Lüge sind aus diesem Grunde bei kleinen Kindern anders zu bewerten als bei einem Erwachsenen (vgl. Lewin 1946, S.278). Kinder können bis zu einem gewissen Alter nicht unterscheiden, was wahr - also der „Realitätsebene" angehört - und was erfunden ist, und damit aus der „Irrealitätsebene" stammt. Dies muss sich erst nach und nach durch Erfahrungen herausdifferenzieren (vgl. ebd.). Was also tatsächlich ursächlich für Verhalten ist, was also tatsächlich als Ursache „wirkt", entspringt bei kleinen Kindern aber auch noch bei älteren Kindern nicht selten der „Irrealitätsebene", und es fällt uns aufgrund der Tatsache, dass diese Ebene bei uns deutlicher geschieden ist, nicht selten schwer uns auf diese Ebene zurückzubegeben. Wenn wir unser Kinder und später unseren Jugendlichen aber richtig verstehen wollen, dann ist dieses Geheimnis unverzichtbar!

Das fünfte Geheimnis fordert uns im Besonderen auf, uns von unseren eigenen Gewissheiten zu lösen und genau hinzuschauen, was tatsächlich in diesem Moment beim Kind wirkt. Von welchen Vorstellungen geht unser Kind aus, wenn es sich so oder so verhält? Darauf zielt auch das folgende Geheimnis ab, das direkt an das hier vorgestellte Geheimnis anknüpft aber insbesondere für das Verständnis des Verhaltens von älteren Kindern und Jugendlichen relevant ist.

Aus dem 5. Geheimnis ergeben sich im Besonderen folgende Leitsätze für die Erziehung:

- ✓ Wirklich ist für das Kind, was Wirkung hat und nicht notwendigerweise was „wirklich" der Fall ist.
- ✓ Es gibt verschiedene Sichtweisen auf ein und dieselbe Situation. Es gibt die kindliche Sichtweise und es gibt unsere Sichtweise. Keine ist besser oder richtiger als die andere, wenn wir das Verhalten des Kindes verstehen wollen.
- ✓ Für das kindliche Verhalten ist ausschließlich die innere Sichtweise des Kindes ursächlich.
- ✓ Was real möglich ist und was Phantasie ist, ist beim kleinen Kind noch nicht so klar voneinander geschieden. Deshalb funktionieren Märchen und deshalb müssen wir auch „Lügen" anders bewerten.

An dieser Stelle habe ich eine Beobachtungs- bzw. Reflektionsaufgabe, die nicht nur Ihr Kind sondern auch Sie in den Blick nimmt. Sie könnte dabei helfen, Ihnen bewusst zu machen, wie sehr sie die „psychologische Wirklichkeit" ihres Kindes prägen. Der Auftrag an Sie lautet wie folgt:

1. Wie gehen Sie bisher mit Leistungen, Erfolg und Misserfolg ihrer Kinder in der Schule um? Fragen Sie beispielsweise wie der Klassendurchschnitt bei Klassenarbeiten ist, welche Note X oder Y hat? Welche Rolle spielen überhaupt Noten für Sie?

2. Welche weiteren Werte und Normen (Dankbarkeit, Rücksicht, Ehrlichkeit etc.) geben Sie an Ihr Kind weiter? Wo erkennen Sie im Verhalten Ihres Kindes Ihr „Wirken" im Positiven wie im Negativen wieder? Wie geht es Ihrem Kind damit?

3. Versuchen Sie im Gespräch, drei „Glaubenssätze" bei Ihrem Kind zu identifizieren, die nichts mit der objektiven Realität, sondern lediglich mit der subjektiven Wirklichkeit Ihres Kindes zu tun haben.

*Auch hier gilt: Vorsicht vor zu schnellen Antworten! In Ruhe beobachten! Die aufmerksame Beobachtung ist wichtiger als die schnelle Antwort!*

## 6. Geheimnis: Wirklich ist was Wirkung hat (II)

Wie bereits beim vorangehenden Geheimnis angedeutet, enthalten die Abbildungen 10 und 11 weitere relevante Aussagen, die zum gründlichen Verständnis kindlichen Verhaltens von größter Wichtigkeit sind. Oben konzentrierten wir uns auf den Aspekt, dass die „Realitätsebene" (Lewin 1946, S.278) und die „Irrealitätsebene" (ebd.) beim kleineren Kind noch enger beieinander liegen, also noch nicht so deutlich voneinander geschieden sind (vgl. Lewin 1946, S.278ff.). Dies ist vor allem relevant um das Verhalten kleinerer Kinder richtig zu verstehen.

An dieser Stelle nun wollen wir genauer auf einen anderen Aspekt schauen, der ebenfalls in den Abbildungen 10 und 11 von Lewin beschrieben wird, nämlich, dass ältere Kinder über einen anderen, genauer gesagt, weiteren Zeithorizont verfügen (vgl. Lewin 1942a, S.117ff.). Lewin spricht an dieser Stelle von einer Veränderung kindlicher „Zeitperspektiven" (Lewin 1942a, S.117) mit zunehmendem Alter (vgl. ebd.). Genauer gesagt bedeutet dies, dass Kinder mit zunehmendem Alter ein zunehmend größer werdendes Bewusstsein über ihre „psychologische Vergangenheit" (psy. Vg.) und ebenso über ihre „psychologische Zukunft" (ps. Zk.) erlangen.

**Kleines Kind (ca. bis 6 Jahre):**

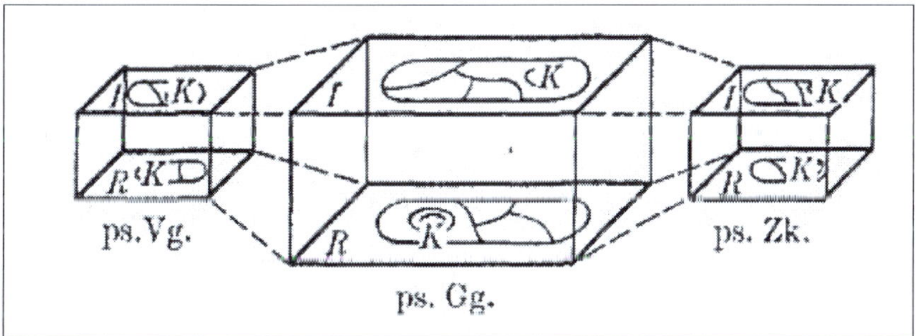


*Abb.10 Quelle: Lewin 1946, S.279*

**Älteres Kind/Jugendliche(r) (ab ca. 7/8 Jahre):**

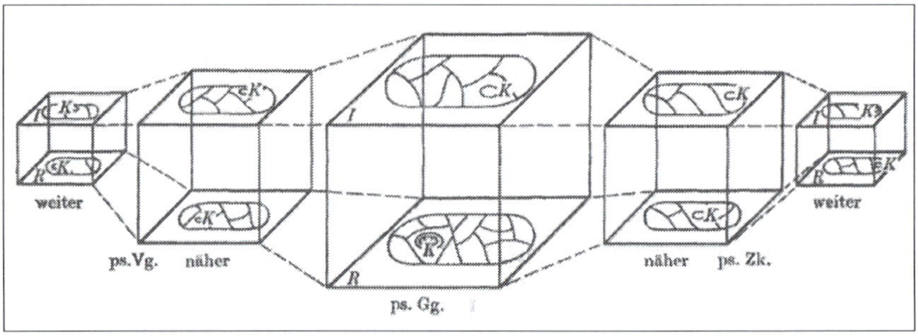


*Abb.11 Quelle: Lewin 1946, S.279*

**Legende:**

| | |
|---|---|
| *K – Kind* | *ps.Vg. – psychologische Vergangenheit* |
| *I – Irrealitätsebene (z.B. Phantasie, Traum).* | *ps.Zk. – psychologische Zukunft* |
| *R- Realitätsebene (die „Wirklichkeit").* | *ps.Gg. – psychologische Gegenwart* |

Kleine Kinder, wie es schematisch in Abb. 10 dargestellt ist, leben vor allem im Hier und Jetzt. Kurt Lewin macht hier keine konkreten Altersangaben, auch weil dies natürlich individuell von Kind zu Kind stark variieren kann. Mir scheinen jedoch aus eigener Erfahrung und Beobachtung die Altersphasen von 6 bzw. 7. Jahren und dann vor allem von 10 bzw. 11 Jahren Phasen zu sein, in denen markante qualitative Veränderungen in der von Lewin beschriebenen Weise stattfinden. Bis dahin sind sowohl die „psychologische Vergangenheit" (ps. Vg.) als auch die „psychologische Zukunft" (ps. Zk.) von kleinen Kindern sehr begrenzt (vgl. Lewin 1946, S.279ff.). D.h. was vor einer Woche war oder was in einer Woche sein wird, darüber haben kleine Kinder noch keine klare Vorstellung. Es spielt für ihr Verhalten hier und heute keine oder nur eine sehr geringe Rolle. Je älter Kinder jedoch werden, desto mehr wird ihr Verhalten im Hier und Jetzt von der Vergangenheit und der Zukunft, wenn nicht gar bestimmt, so doch mitbestimmt. Dies gilt natürlich in besonderer Weise für uns Erwachsene. Uns fallen beispielsweise Situationen ein, die der momentanen ähneln, oder aber wir erinnern uns daran, wie sich diese Person mir gegenüber vor einigen Monaten verhalten hat. In diesem Fall würde die Vergangenheit in die Momentansituation hineinwirken. Oder aber ich verhalte mich in dieser Momentansituation auf diese oder jene Weise, weil ich mir einen Vorteil für die Zukunft erhoffe. Ich handle dann sozusagen strategisch, und projiziere die möglichen Konsequenzen in die Zukunft. In diesem Falle wirkt die Zukunft in die Momentansituation hinein.

Kinder bis zu einem bestimmten Alter hingegen, so hört man gemeinhin, könnten eben die Konsequenzen ihres Handelns bzw. Verhaltens noch gar nicht abschätzen. Dies jedoch ist in anderen Worten genau das, was Lewin mit seinen unterschiedlichen „Zeitperspektiven" (Lewin 1942a, S.117) meint (vgl. ebd.). Kinder können die Konsequenzen nicht abschätzen, weil die „psychologische Zukunft" entweder noch kaum eine oder aber noch keine so dominierende Rolle spielt wie bei uns Erwachsenen. Daher nützt es auch nichts, wenn die Mutter oder der Vater in unserem Beispiel oben, Martha gesagt hätten, dass Sie im Hinblick auf ihre schulischen Leistungen doch an Ihre Zukunft denken solle. Wenn ihre schulischen Leistungen nicht gut wären, dann würde sie sich ihre Zukunft „verbauen". Das sind Sätze, die man heute nicht selten von Eltern im Kontext der Schule hört. Sie greifen aber, wenn überhaupt, erst ab einem bestimmten Alter, dann nämlich, wenn sich die „Zeitperspektiven" ausgedehnt haben.

Diese Ausdehnung der „Zeitperspektiven" (Lewin 1942a, S.117), die vermutlich einen Jugendlichen oder sogar schon Erwachsenen darstellen, zeigt Abbildung 11. Ein öffentlicher Vortrag in der nächsten Woche oder eine schwierige Operation in einem Monat, haben bei uns Erwachsenen durchaus die Macht uns den Augenblick im Hier und Jetzt, also unsere Momentansituation, zu verhageln. Da können wir – wie ich jetzt in diesem Moment – bei herrlichstem Sonnenschein und in absoluter Ruhe auf einer äußerst gemütlichen Berghütte sitzen, schneebedeckte Berge soweit das Auge reicht, neben mir eine dampfende Tasse Kaffee und ein Stück Kuchen, kurzum im Außen alles traumhaft, die äußeren Bedingungen könnten nicht besser sein. Wenn ich allerdings an das beginnende Semester und die Tatsache denke, dass ich einen Kurs geben werde, den ich noch niemals so gegeben habe und für den ich noch nichts vorbereitet habe, dann spüre ich diese „psychologische Zukunft" sehr deutlich als Spannung in der Magengegend. Wenn ich meine Gedanken „laufen" lassen würde, dann beginnen sie, darum zu kreisen. Ich sollte diesen Kurs vorbereiten und nicht an diesem Buch schreiben. Ich könnte noch über eine ganze Reihe anderer häufig wiederkehrender Gedanken in meinem Leben berichten, die die Macht haben, mich aus dem schönsten Hier und Jetzt zu katapultieren. Diese Gedanken kommen sowohl aus meiner „psychologischen Vergangenheit" (Hätte ich doch damals nur…) oder aus meiner „psychologischen Zukunft" (Was, wenn dies oder jenes eintritt…), bei einem anderen Erwachsenen sind es andere Themen, die die Gedanken kreisen lassen, aber auch hier ist die Wirkung der Vergangenheit oder Zukunft im Hier und Jetzt deutlich spürbar.

So etwas würde einem kleinen Kind niemals passieren: Hier, heute, jetzt, zählt in aller Regel mehr als morgen, gestern, nachher. Wir Erwachsenen hingegen können uns von diesen erweiterten „Zeitperspektiven" im höheren Alter gefühlt immer schwerer freimachen und im Hier und Jetzt verweilen. Das ist vielleicht der unbewusste Grund, warum wir als Erwachsene nach Wegen suchen, wieder stärker in dieses Hier und Jetzt einzutauchen. Denken Sie nur an den Hype um Meditation oder die im Moment sehr beliebten Achtsamkeitstrainings (z.B. Mbsr[22]-Kurse) oder den ganzen Wellness-Boom. Überall dort geht es in aller Regel genau darum, im Hier und Jetzt des Moments zu verweilen und sie wissen genau, wie schwierig das als Erwachsener ohne Übung sein kann.

---

22 Mbsr steht für Mindfulness based stress reduction und wurde vom amerikanischen Psychologen Jon Kabat Zinn (2013) begründet.

Man kann dann dem Geist zuschauen, wie er von einem Gedanken zum nächsten hüpft[23].

Wir haben uns hier an dieser Stelle quasi nur auf die untere „Realitätsebene“ (R) konzentriert und diese herausgegriffen. Die darüber liegende „Irrealitätsebene“ (IR), die ja im vorangegangenen Geheimnis eine wichtige Rolle spielte, haben wir außer Acht gelassen. Untenstehend versuche ich in Abbildung 12 und 13 nochmals die qualitativen Erlebnisunterschiede zwischen Kind und Erwachsenem graphisch darzustellen: In Abbildung 12 ist das kleine Kind von ca. 4 Jahren dargestellt, in Abbildung 13 der Erwachsene, z.B. der Vater oder die Mutter dieses kleinen Kindes. Die Größenverhältnisse und die farbigen Schattierungen der Kästen sowie die Farben der Pfeile symbolisieren in den Abbildungen die unterschiedlich stark wirkenden Kräfte.

Alle diese Gedanken verbindet entweder, dass es sich um Vergangenes (Hab ich den Herd ausgemacht?) oder aber um Zukünftiges (Ich muss noch einkaufen gehen.) handelt. Daran können wir sehen, wie unser Verhalten im Hier und Jetzt von Vergangenheit und Zukunft bestimmt werden. Vergangenheit und Zukunft gewinnen eine ungeheure Macht für uns Erwachsene. Sie wirken ganz direkt und machtvoll in das Hier und Jetzt hinein. Ich wage sogar die These, dass wir nicht wenige unserer Hobbies machen, nicht weil sie uns im Hier und Jetzt gut tun, Wohlbefinden und Zufriedenheit schaffen, sondern weil wir uns für die Zukunft von ihnen etwas erhoffen. Wir gehen beispielsweise Joggen um abzunehmen oder im Alter fit zu bleiben, oder überhaupt alt zu werden. Der Erfolg des momentanen Verhaltens stellt sich quasi jeweils perspektivisch in der Zukunft ein. Uns Erwachsenen ist die Endlichkeit des Lebens sehr bewusst, und nicht Weniges tun oder lassen wir heute, um diese Endlichkeit hinauszuschieben. Auch dies ist ein Beispiel dafür,

23 Im Yoga spricht man von „monkey mind“, was das rastlose hüpfen von Gedanken zu Gedanken bildlich ganz gut zum Ausdruck bringt.

dass je älter man wird, die Zukunft oder auch die Vergangenheit immer mehr Macht über das Hier und Jetzt gewinnen. Erstaunlich wenige Kinder allerdings haben von sich aus den Wunsch zu meditieren oder zu joggen oder weniger Süßigkeiten zu essen, weil sie davon eventuell in der Zukunft Diabetes oder Karies bekommen könnten. Für sie ist alles, was zählt, hier und jetzt. Das Verweilen im Moment ist ihr Normalzustand. Wir könnten also in dieser Hinsicht hier weitaus mehr von Kindern lernen, als umgekehrt.

Wenn man die oben abgedruckten, doch recht theoretischen und abstrakten, schematischen Veranschaulichungen von Lewin (Abb. 10 und 11) vereinfachend und auf unser Textbeispiel bezogen darstellen wollten, dann könnte das nun wie folgt aussehen:

**Wirklichkeit des kleinen Kindes (ca. 4 Jahren) mit ihren wirkenden Kräften:**

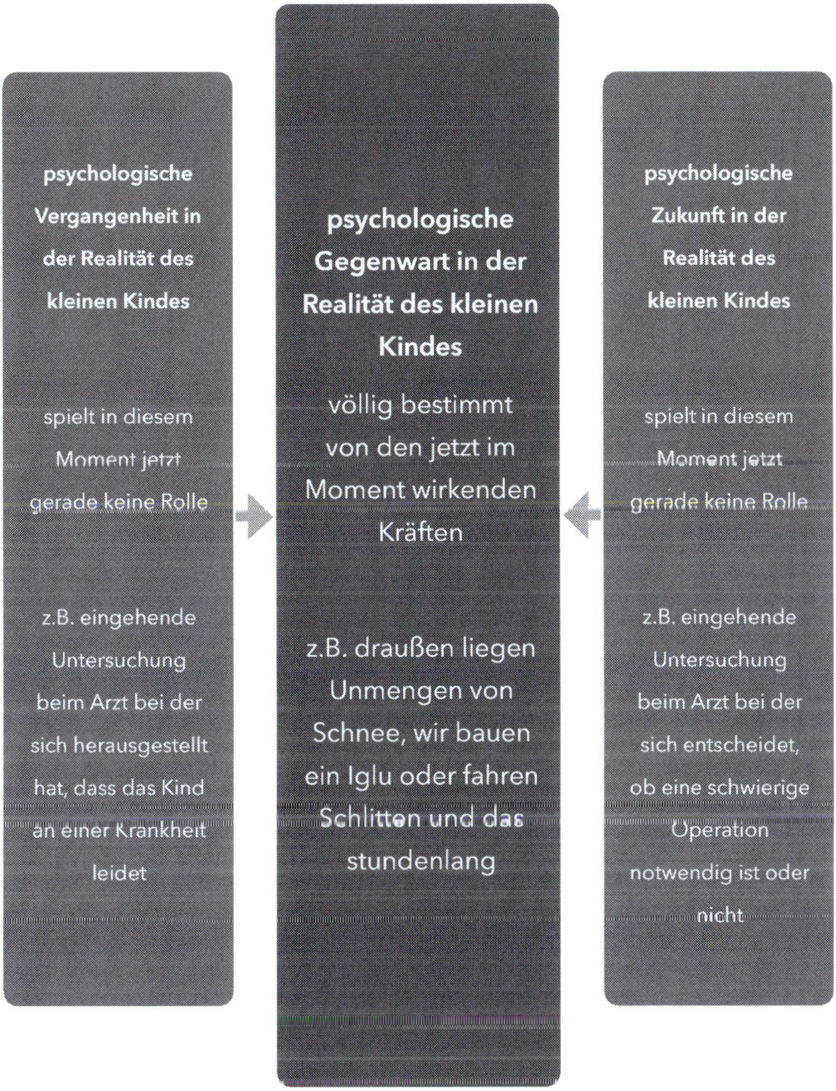


*Abb.12*

**Wirklichkeit des Erwachsenen mit ihren wirkenden Kräften:**

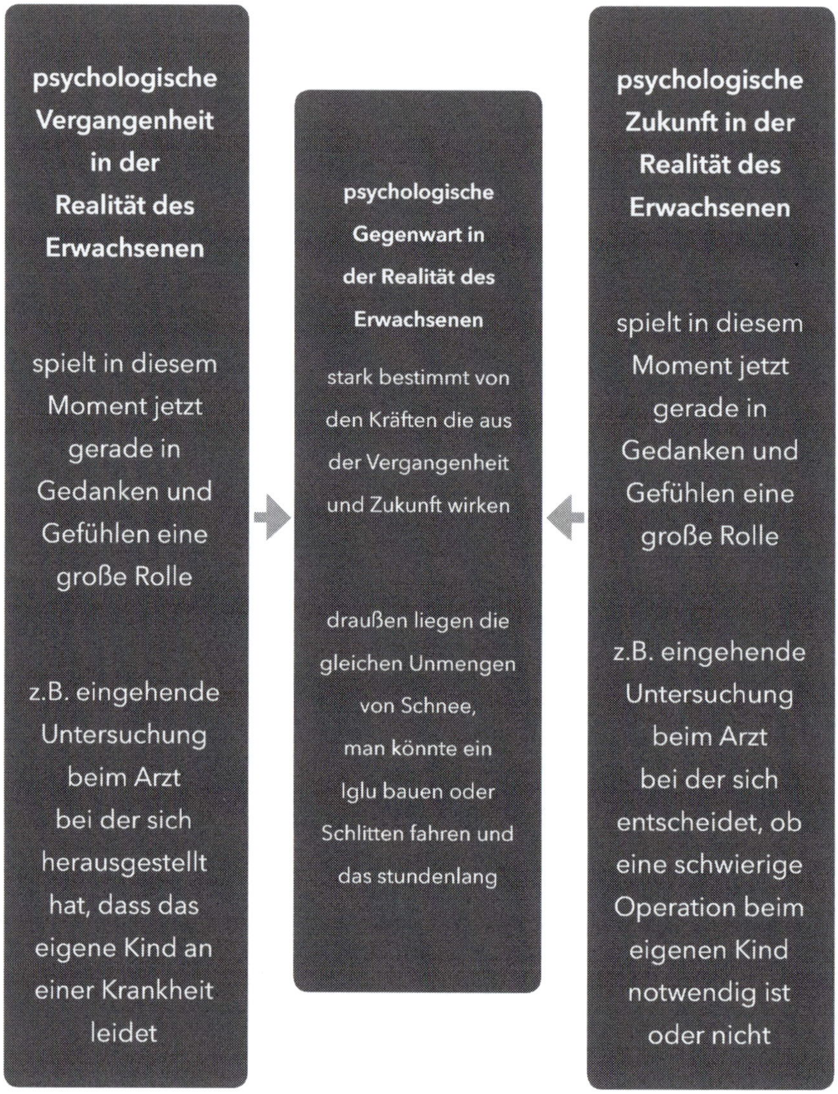


*Abb.13*

Wir haben uns hier an dieser Stelle quasi nur auf die untere „Realitätsebene“ (R) konzentriert und diese herausgegriffen. Die darüber liegende „Irrealitätsebene“ (IR), die ja im vorangegangenen Geheimnis eine wichtige Rolle spielte, haben wir außer Acht gelassen. Oben in Abbildung 12 ist das kleine Kind von ca. 4 Jahren dargestellt, unten in Abbildung 13 der Erwachsene, z.B. der Vater oder die Mutter dieses kleinen Kindes. Die Größenverhältnisse und die farbigen Schattierungen der Kästen sowie die Farbe der Pfeile symbolisieren in unseren Abbildungen 12 und 13 die unterschiedlich stark wirkenden Kräfte. Das kleine Kind verweilt in der jetzt befriedigenden Gegenwart, der Erwachsene hingegen wird in dieser Gegenwart sehr stark beeinflusst von der Vergangenheit und der Zukunft. Auch eine dampfende Tasse Kaffee oder der herrliche Sonnenschein und das Bergpanorama haben häufig nicht die Kraft, ihn aus diesen Gedanken heraus in die Gegenwart zu holen.

Was aber bedeutet das für das Verständnis kindlichen Verhaltens? Nun, es führt zu einem Paradox bzw. genauer: es deckt einen Irrtum auf! Gemeinhin gehen wir ja davon aus, dass Kinder mit zunehmendem Alter und voranschreitender Entwicklung immer unabhängiger werden. Tatsächlich aber zeigt Lewins Entdeckung der Ausweitung der „Zeitperspektiven“ (Lewin 1942a, S.117), dass je älter Kinder werden, Ihr Verhalten im Hier und Jetzt immer abhängiger wird (vgl. Lewin 1931b, S.174). Abhängig von bestimmten Vorstellungen und Gedanken über die Zukunft und die Vergangenheit. Auch werden Kinder nicht notwendigerweise unabhängiger von den Eltern, denn wie wir oben gesehen haben verinnerlichen Kinder die sie prägenden Erwachsenen und Geschwister.

Das nun allerdings macht den Prozess, ein besseres Verständnis kindlichen Verhaltens zu entwickeln nicht einfacher. Es bedeutet nämlich letztlich, dass das jetzt beobachtbare Verhalten eines älteren Kindes oder Jugendlichen von immer mehr Aspekten und Faktoren beeinflusst werden kann (vgl. Lewin 1931b, S.174ff.). Diese existieren möglicherweise gar nicht in der objektiven Sachlage der momentanen Situation, sind also für uns gar nicht sichtbar, sondern wirken schlicht aus der subjektiven psychologischen Wirklichkeit des Jugendlichen heraus, nämlich weil er beispielsweise plötzlich an seine „psychologische Zukunft", z.B. das nahende Abitur, denkt. Von dort her wirkt dann eine Kraft, die wir kennen müssten, um sein jetzt beobachtbares Verhalten zu verstehen. Genau das, so meine These, macht die Pubertät zu einer so herausfordernden Phase im Zusammenleben von Erwachsenen und Jugendlichen. Nicht selten hört man dann von Eltern, dass sie ihren Jugendlichen „... nicht mehr richtig verstehen". Dieses „nicht mehr richtig verstehen" ist, meines Erachtens nach, ein deutliches Anzeichen dafür, dass sich die „Zeitperspektiven" verändert haben. Bis zu dieser Zeit nämlich, wirken die Kräfte direkter aus der direkt umgebenden Gegenwart des Kindes heraus. Das Verhalten des Kindes ist meist eine recht direkte Antwort auf diese wirkenden Kräfte, dies jedoch ändert sich mit der Pubertät. Am deutlichsten sichtbar wird dies noch am Säugling, der ganz im Hier und Jetzt und noch dazu auf einen sehr kleinen Wahrnehmungsraum hin beschränkt handelt (vgl. Lewin 1931b, S.174).

Auf dem Bild links, es handelt sich um eine Originalaufnahme Lewins, sieht man einen sechs Monate alten Säugling, dessen Mutter eine Rassel hält (vgl. Lewin 1931b, S.181). Die Darstellung rechts zeigt schematisch, welche Kräfte wirken.

*Abb. 14*

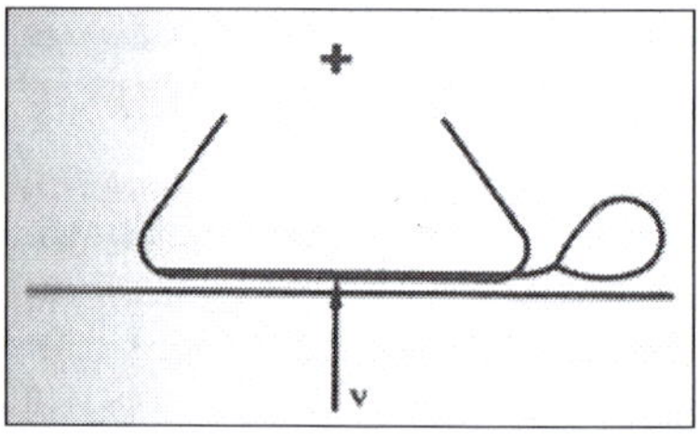


*Abb. 15*

*Quelle: Lewin 1931b, S.181*

Der Anziehungscharakter des Spielzeugs erzeugt Kräfte, auf die das Kind ganz direkt und unmittelbar im Hier und Jetzt reagiert. Diese Kräfte haben eine eindeutige Richtung, nämlich auf das Spielzeug zu (vgl. Lewin 1931b, S.180/181) und sind so stark, dass der ganze Körper des Kindes mit äußerster körperlicher Annäherung reagiert. Ein solches Verhalten zu interpretieren ist einfach. Mit zunehmendem Alter jedoch wird das Verhalten immer schwerer zu interpretieren sein, weil die Kräfte eben nicht mehr unmittelbar aus der Umgebung kommen müssen. Genau darauf weist uns Lewin mit seinen „Zeitperspektiven" (Lewin 1942a, S.117) hin. Die Schwierigkeit ist kurzum: Je älter Kinder werden, desto ungewisser wird, wie sie sich auf einen bestimmten Impuls hin verhalten. Das hier dargestellte Geheimnis fordert uns auf, noch genauer hinzuschauen und zu beobachten, wenn wir Verhalten richtig interpretieren wollen.

**Aus dem 6. Geheimnis ergeben sich im Besonderen folgende Leitsätze für die Erziehung:**

- ✓ Mit zunehmendem Alter wird das Verhalten von Kindern „abhängiger" von Vergangenheit und Zukunft.
- ✓ Die Wahrscheinlichkeit, dass jetzt beobachtbares Verhalten mit zunehmendem Alter des Kindes von immer „psychologischer" und „ferner" wirkenden Kräften beeinflusst wird, ist sehr groß und macht die Interpretation von Verhalten schwieriger.

An dieser Stelle habe ich eine Beobachtungsaufgabe, die Sie in den Blick nimmt. Sie könnte dabei helfen, Ihnen bewusst zu machen, wie sehr unsere Momentansituation bisweilen von der Vergangenheit und/oder der Zukunft bestimmt werden. Der Auftrag an Sie lautet wie folgt:

1. Setzen Sie sich zwanzig Minuten mit geschlossenen Augen bequem auf einen Stuhl und achten Sie auf Ihren Atem, d.h. wie er ein- und ausströmt. Wenn Sie mit den Gedanken abschweifen, dann registrieren Sie das und kehren Sie wieder zu Ihrem Atem zurück. Überlegen Sie hinterher, an was Sie sich noch erinnern können.

*Auch hier gilt: Vorsicht vor zu schnellen Antworten! In Ruhe beobachten! Die aufmerksame Beobachtung ist wichtiger als die schnelle Antwort!*

## 7. Geheimnis: Beachten Sie die Ausdehnung und Ausdifferenzierung des kindlichen Lebensraumes

Das sechste Geheimnis thematisierte die zunehmende Ausdehnung der Zeitperspektiven bei Kindern mit zunehmendem Alter. Es dehnen sich jedoch nicht nur die Zeitperspektiven aus, sondern mit zunehmendem Wissen und Können von Kindern, wird der Aktionsradius und der Möglichkeitsraum insgesamt größer. Damit ist nicht nur der tatsächlich real vorhandene Lebensraum der Kinder gemeint (z.B. Kinderbett, Kinderzimmer, elterliche Wohnung etc.), sondern insbesondere der subjektiv erlebte psychologische Lebensraum (z.B. die Vorstellungswelt, das Gedachte, das Wissen, das Können, das Geträumte, die Phantasie etc.). Der Lebensraum des Kindes erweitert sich quasi schrittweise mit den kindlichen Kompetenzen. Man könnte also auch diesbezüglich von einer Ausdehnung sprechen. Anfangs ist dieser Lebensraum sehr begrenzt. Der Säugling verfugt noch nicht über die Möglichkeit, sich fortzubewegen, sondern er erschließt sich quasi vom Kinderbett bzw. der Wiege aus die Welt, was ihm vor allem und zunehmend mit seinen Fernsinnen (Augen, Ohren, Nase etc.) möglich wird (vgl. Lewin 1931b, S.174). Mit der sich entwickelnden Fähigkeit des Krabbelns wird das Kinderzimmer und nach und nach die elterliche Wohnung erschlossen. Zunächst auf der „unteren Ebene", mit der Fähigkeit des Sich-Hochziehens und des Stehens nach und nach auch die „oberen Ebenen". Der körperliche Aktionsradius wird weiter, von der elterlichen Wohnung über den Kindergarten und die Schule erweitert sich auch der „soziale Aktionsradius", d.h. das Kind kommt mit immer mehr Menschen in Kontakt, baut Beziehungen auch außerhalb der Familie auf.

Hier wird schon deutlich: der reale Lebensraum ist immer auch ein Lernraum, d.h. ein Raum, in dem gelernt wird. Mit dem Gelernten wiederum erschließen sich weitere Lebensräume, die wiederum neue Lernräume bieten. Mit der Ausweitung der realen Lebensräume wiederum erweitert sich auch, wie bereits oben angedeutet, der subjektiv erlebte psychologische Lebensraum, d.h. die Vorstellungwelt, das Gedachte, die Phantasie des Kindes. Bildlich und schematisch gedacht könnte man sich diesen Prozess wie in Abbildung 16 vorstellen. Von innen nach außen dehnen sich der reale und der subjektiv erlebte Lebensraum des Kindes immer weiter aus.

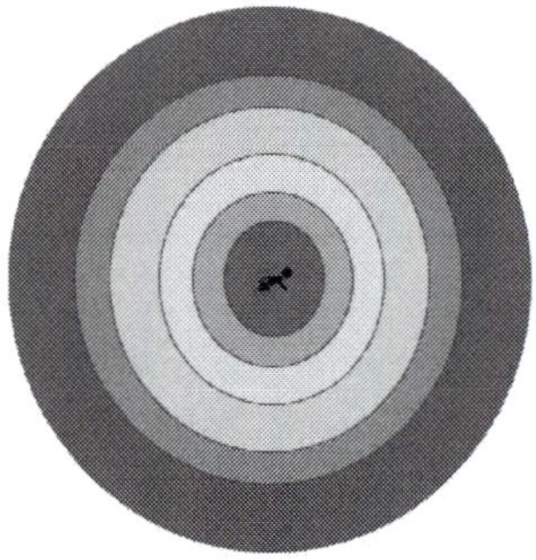

*Abb. 16*

Diese Abbildung zeigt natürlich eine abstrakte idealtypische Entwicklung bzw. Ausdehnung der Lebensräume. Im realen Leben sind die Ausdehnungen sehr viel variabler, gehen vielleicht in einem Bereich weiter als in einem anderen, weil das Kind hier besonders empfänglich ist, bzw. von bestimmten Objekten mehr angezogen wird als von anderen. Ein Kind ist fasziniert von Tieren, ein anderes von Fahrzeugen und Motoren, wieder ein anderes vom Malen oder vom Spielen mit Bällen und Kugeln. Entsprechend ergeben sich hier ganz unterschiedliche Lernräume.

Wenn das Kind in den Kindergarten oder die Grundschule kommt, dann verändert sich der objektive Lebensraum nochmals sprunghaft und damit ergeben sich auch hier nochmals ganz neue Impulse, so dass von Zeit zu Zeit die „Entwicklungssprünge" mal größer, dann wieder minimal sind. Wenn man diese großen individuellen Unterschiede ebenfalls schematisch darstellen wollte, dann könnte man sich die tatsächliche Realität eher wie in den Abbildungen 17 oder sogar 18 vorstellen.

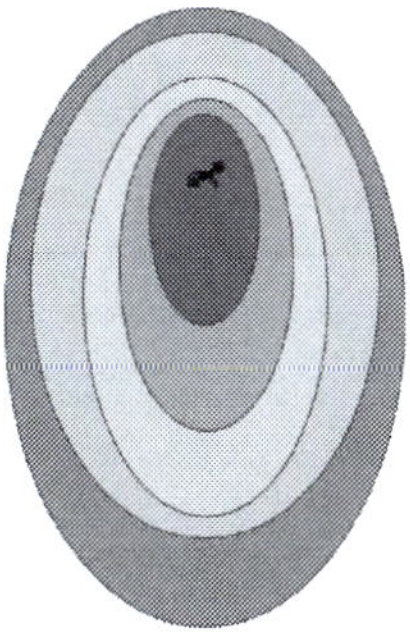

*Abb. 17*

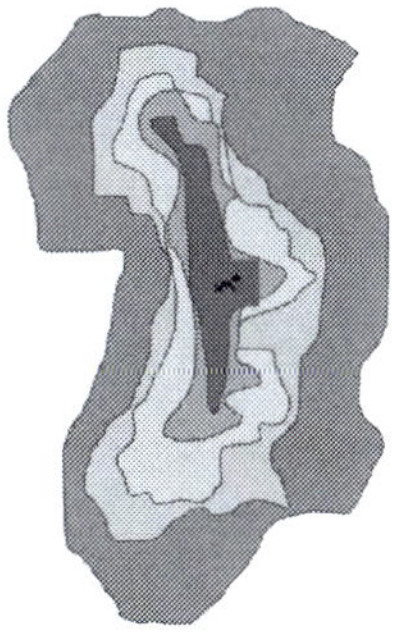

*Abb. 18*

Was bis hierher deutlich wird ist, wie eng der Lebensraum mit Lernen, Entwicklung und Verhalten verbunden ist. Ganz generell besteht für Kurt Lewin eine äußerst enge Verbindung zwischen Lernen und Verhalten (vgl. Bogner 2017, S.192/193). Insbesondere eine Veränderung von Verhalten, worauf ja unter anderem auch Erziehung abzielt, ist für Lewin stets auch „… Ausdruck der Veränderung von kognitiv[24] bzw. allgemeiner formuliert psychologischen Strukturen“ (Bogner 2017, S.193; vgl. Lewin 1942a, S.113). Dies wiederum ist nichts anderes, als eine Umschreibung des Begriffes Lernen. Lernen bedeutet Veränderung von Hirnstrukturen, die wiederum zu verändertem Verhalten führen. Wer also Verhalten in die Tiefe verstehen will, der sollte auch verstehen was beim Lernen eigentlich passiert. Das wird insbesondere auch für unser 9. Geheimnis eine große Rolle spielen, wo es darum geht, dass vom „kindlichen Umfeld erzieherische Wirkung“ ausgeht.

Lernen bewirkt Veränderungen im Kind, die wiederum Verhalten verändern. Diese Veränderungen nun nimmt Lewin ganz genau in den Blick, und er erklärt die Qualität dieser Veränderungen gerne

24 „Kognitiv“ meint „das Wahrnehmen, Denken, Erkennen betreffend“ (Duden). Mit „kognitiven Strukturen“ sind die Verbindungen von Nervenzellen im Gehirn gemeint, die aus heutiger neurowissenschaftlicher Sicht letztlich die körperliche Folge von Lernen darstellen.

anschaulich am sogenannten „Bahnhofsbeispiel“ (vgl. hierzu Lewin 1942a, S.111-113): Nehmen wir an, Sie (P = Person) planen einen Kurztrip in eine Ihnen unbekannte Stadt, um eine dort gastierende Kunstausstellung in einer Kunstgalerie (Kg) zu besuchen.[25] Von dieser Kunstgalerie kennen Sie nur die Adresse. Sie haben nicht genügend Zeit, um sich vorab auf die Reise vorzubereiten und buchen nur die für Sie günstigste Bahnreise in diese Stadt und eine von einem Bekannten empfohlene Unterkunft. Sie (in der Abb. 19 mit P bezeichnet) kommen nun in dieser fremden Stadt am Bahnhof (Bhf.) an. Sie stehen nun am Bahnhof und kennen nur die Adresse Ihrer Unterkunft (Uk) und die Adresse der Kunstgalerie (Kg), haben allerdings keine Ahnung in welchem Teil der Stadt diese jeweils genau liegen. Die ganze sonstige Stadt (Stadt) ist für Sie ein völlig fremder Ort, d.h. Sie haben keinerlei Orientierung. Wenn man diese Situation bildlich darstellen wollte, so könnte dies wie in Abbildung 19 aussehen:

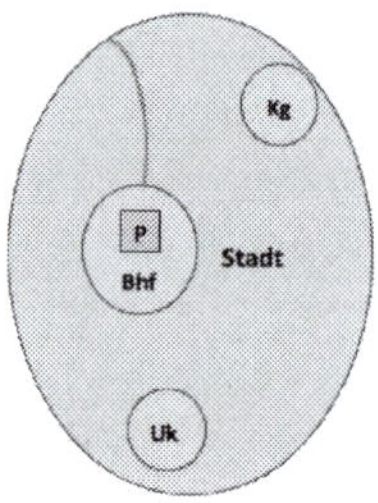


*Abb. 19*
*(vgl. analog Lewin 1942a, S.111)*

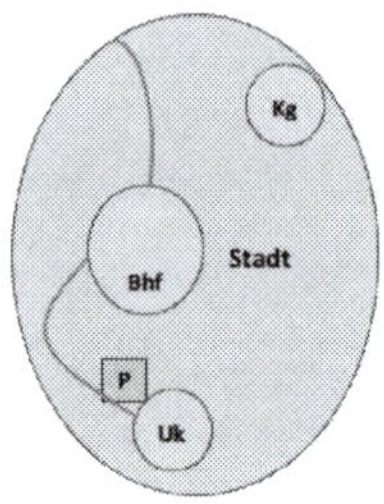


*Abb. 20*
*(vgl. analog Lewin 1942a, S.112)*

Die grüne Linie in der Abbildung 19 steht für Ihre Einfahrtroute in die Stadt. Sie gewinnen hier bereits einen ersten Eindruck der Ihnen fremden Stadt. Sie erkennen vielleicht markante hohe Gebäude,

---

25 Im Original Lewins handelt es sich um einen Mann, der die Arbeitsstelle wechselt und hierfür in eine ihm fremde Stadt ziehen muss (vgl. Lewin 1942a, S.111-113).

einen Park oder einen Fluss, die Ihnen später als Orientierungshilfen dienen können. Sie machen sich nun am Bahnhof auf einem Übersichtsplan oder mit Hilfe Ihres Handys kundig, welche Buslinie Sie zu Ihrer Unterkunft bringt. Vielleicht wählen Sie auch den bequemen Weg und bitten ein Taxi, Sie zu Ihrer Unterkunft zu bringen. Die Fahrstrecke zu Ihrer Unterkunft geht in eine Ihnen zunächst unbekannte Richtung (vgl. Abb. 20). Sie gewinnen auch hier auf der Fahrt zu Ihrer Unterkunft weitere Eindrücke der Stadt. Sie registrieren beispielsweise, dass es ans andere Ende der Stadt geht und nicht in die Richtung, aus der Sie in die Stadt eingefahren sind (vgl. Abb. 20).

Am nächsten Morgen nun geht die Orientierung weiter. Sie fragen im Hotel, welche Bus- oder U-Bahnlinie Sie am schnellsten zur Kunstgalerie bringt, von der Sie ja ebenfalls nur die Adresse kennen. Vielleicht entscheiden Sie sich auch für die beste Möglichkeit, sich zu orientieren, und gehen zu Fuß. Hier könnten Sie am meisten Eindrücke sammeln. Sie riechen, hören und fühlen dann gewissermaßen die neue Umgebung. Auch auf diesem Weg sammeln Sie weitere Eindrücke und orientieren sich weiter in der Stadt. Sie erkennen beispielsweise, dass die Kunstgalerie offensichtlich wieder in Richtung des Bahnhofs liegt, d.h. dass Sie die Stadt nach Osten versetzt ein weiteres Mal durchqueren müssen (vgl. Abb. 21). Vielleicht kommen Sie auf Ihrem Weg auch an weiteren markanten Orientierungshilfen wie dem Rathaus oder Marktplatz vorbei. Sie nutzen Ihr Wissen um Städte und wissen, dass sowohl das Rathaus als auch der Marktplatz meist zentral in einer Stadt liegen.

In der Kunstgalerie sind Sie mit Ihrem Bekannten verabredet und Sie beschließen gemeinsam nach dem Besuch der Ausstellung einen Kaffee zu trinken. Ihr Bekannter wohnt in dieser Stadt und kennt ein gemütliches Café, das nahe beim Bahnhof liegt. Sie gehen gemeinsam zu Fuß dorthin (vgl. Abb. 22). Sie sammeln auf dem Spaziergang dorthin weitere Eindrücke. Sie überqueren beispielsweise die

Bahngleise auf denen Sie gestern in die Stadt eingefahren sind. Sie erkennen ein markantes Gebäude wieder, das Ihnen gestern bei der Einfahrt aufgefallen ist. Sie haben also weitere Orientierung gewonnen und erkennen, wie nah das Café am Bahnhof liegt (vgl. Abb. 22).

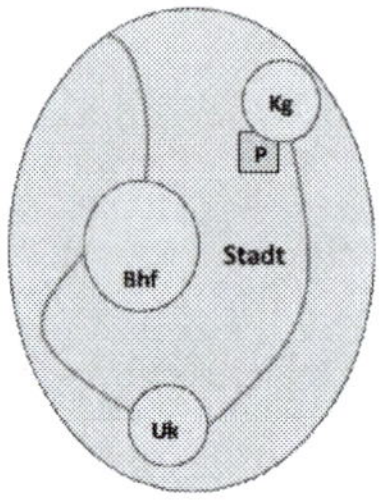


*Abb. 21*
*(vgl. analog Lewin 1942a, S.113)*

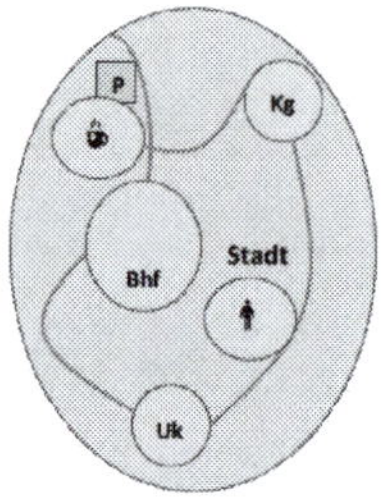


*Abb. 22*
*(vgl. analog Lewin 1942a, S.113)*

Gemeinsam beschließen Sie nun, das schöne Wetter auszunutzen und zu einer der Sehenswürdigkeiten der Stadt, dem botanischen Garten, zu gehen (vgl. Abb. 23). Dort wollen Sie den Nachmittag verbringen. Auf dem Weg dorthin wollen Sie noch schnell eine aktuelle Tageszeitung am Ihnen bereits bekannten Bahnhof kaufen (vgl. Abb. 23). Im Anschluss an den Nachmittag im Botanischen Garten beschließen Sie in einem guten Lokal, das allerdings wieder in der Stadtmitte liegt, zu essen. Da Ihr Hotel ganz in der Nähe liegt, wollen Sie sich noch kurz frisch machen und machen einen Abstecher in Ihr Hotel. Von dort geht es weiter über die Wohnung Ihres Bekannten ins Lokal (vgl. Abb. 24).

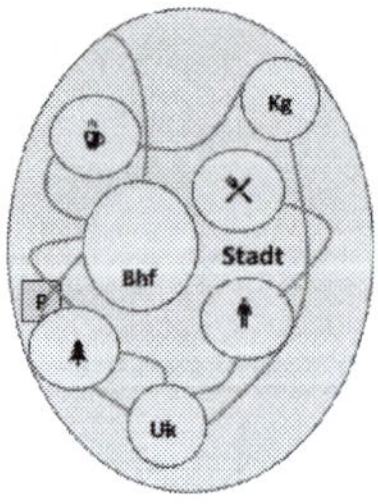


*Abb. 23*
*(vgl. analog Lewin 1942a, S.113)*

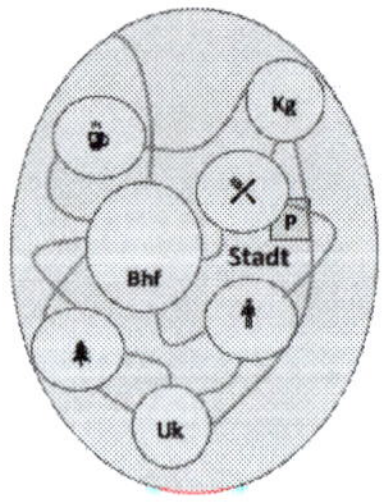


*Abb. 24*
*(vgl. analog Lewin 1942a, S.113)*

Nach und nach verbinden sich so die unterschiedlichsten, Ihnen bis dahin fremden Orte, einer Ihnen unbekannten Stadt und Sie gewinnen eine immer feiner werdende Orientierung. Am darauffolgenden Tag ist es Ihnen vermutlich schon möglich, sich relativ sicher in der Stadt zu bewegen. D.h. Sie wissen in welche Richtung Sie gehen müssen, um an entsprechende gewünschte Orte zu kommen. Ihre „geographische Karte“ im Kopf hat sich ausgedehnt und ausdifferenziert. Tatsächlich hat hier eine Form des Lernens stattgefunden, das Lewin als „Neulernen“ bezeichnen würde (vgl. Lewin 1942a, S.111; Bogner 2017, S.194ff.). Mit dieser Art des Lernens meint Lewin, dass sich bis dato noch nicht vorhandene „mentale Landkarten“ herausbilden indem es zu einer „Differenzierung von unstrukturierten Bereichen“ (Lewin 1942a, S.111) kommt. In Ihrem Kopf hat nichts anderes stattgefunden, als eine Ausdehnung und eine Ausdifferenzierung von einem Ihnen bis dahin unbekannten Gebiet.

Sie fragen sich nun aber vermutlich dennoch: Was hat all dies mit Lernen und des Weiteren dann mit Verhalten, noch dazu kindlichem Verhalten, zu tun? Unser Verhalten beruht auf unserem Wissen und Können. Wissen und Können wiederum ist eine Folge von Lernen und Lernen bedeutet letztlich nichts anderes als eine mentale Strukturierung von uns zuvor unbekannten Bereichen (vgl. Lewin 1942a, S.111). Wissen und Können vermittelt uns Sicherheit. Je besser wir orientiert sind, desto sicherer wird unser Verhalten, weil wir z.B. wissen, welche Konsequenzen unser Handeln vermutlich erzeugen wird. Lewin überträgt das hier beschriebene Bahnhofsbeispiel, wo es ja letztlich um ein geographisches Lernen, bzw. eine geographische Orientierung geht, quasi auf alle Formen des Neulernens, z.B. auch auf soziale Situationen (vgl. Lewin 1942a, S.112): Nicht selten kommen wir beispielsweise bei der Arbeit oder im privaten Bereich in Situationen wie Meetings oder auf Feste mit uns unbekannten Menschen und wir wissen zunächst vielleicht nicht, was hier die Gepflogenheiten sind. Wir fühlen uns dann unsicher bzw. orientierungslos. Wir müssen uns erst nach und nach einen Überblick verschaffen.

Nach und nach fühlen wir uns sicherer, d.h. konkret wir wissen dann beispielsweise nach und nach, dass wenn wir das tun, dann wird vermutlich dies oder jenes die Folge unseres Verhaltens sein. Das zweite Meeting oder das zweite Fest mit diesen Personen wird anders verlaufen als das erste. Wir haben uns orientiert, genauso wie unser zweiter Besuch in der uns fremden Stadt anders verlaufen wird als der erste. Das ganz genau gleiche passiert auch, wenn wir uns das erste Mal mit einem Thema beschäftigen. Wir haben keine wirkliche Orientierung und verschaffen uns nach und nach einen Überblick, was nichts anderes bedeutet, als dass wir ein zuvor unstrukturiertes „Gebiet" nach und nach strukturieren, d.h. wir verbinden Punkte darin, die vorher nicht einmal bekannt waren und von deren Verbindungen wir keine Ahnung hatten. Wir schlagen einen Begriff nach, schauen uns Videos auf YouTube an, gehen in die Bücherei oder besorgen uns anderweitig Bücher und auf diese Weise flechten wir ein zunehmend feiner werdendes Netz. Für Kinder und Jugendliche spielt gerade das hier ausführlich beschriebene Neulernen in ihrem Lebensraum eine noch viel größere Rolle als für uns Erwachsene. Auf neue bzw. unstrukturierte Situationen zu treffen ist praktisch der natürliche Lebensraum von Kindern und Jugendlichen.

Nicht selten übertragen wir genau in solchen für uns neuen Situationen unser bisher erworbenes Wissen und Können, sowie unser Verhalten aus ähnlichen Situationen auf diese neuen Situationen. D.h. beispielsweise, wenn wir in eine weitere fremde Stadt kommen, so benutzen wir zunächst einmal unser bisher gewonnenes Wissen aus anderen Städten, z.B. liegen in vielen Städten die Bahnhöfe, das Rathaus oder der Marktplatz zentral in der Mitte der Stadt.[26] Nicht selten durchschneiden auch Flüsse eine Stadt sehr zentral. All dies wissen wir häufig unbewusst aus unseren bisher gesammelten Erfah-

26 Dies allerdings gilt nur für europäische Städte, in den USA, wo die Städte viel jünger sind, sieht das anders aus. Unser bisheriges Wissen könnte dann durchaus zu noch unsichererem Verhalten führen.

rungen und es dient uns als Orientierungshilfe. Ebenso übertragen wir unser Verhalten häufig auf ähnlich wirkende Situationen. Der wohl bedeutendste Entwicklungspsychologe unserer Zeit Jean Piaget spricht bei solchen Übertragungen von bereits bekanntem Wissen auf neue Situationen von Assimilationen (vgl. Mietzel 1998, S.71-73). Wir passen gewissermaßen dann die äußere Umwelt an unsere bereits erworbenen Wissensschemata an. Ich verdeutliche meinen Studierenden das immer gerne am Beispiel des kleinen Kindes, das im Laufe seiner Entwicklung durch Beobachtung das Konzept bzw. Schemata entwickelt hat, dass kleine, leichte Gegenstände auf dem Wasser schwimmen (z.B. eine Feder, ein kleines Stück Rinde, eine Blume, ein Fetzen Papier) und große schwere Gegenstände (ein Stein, eine Eisenstange, ein Hammer) untergehen. Wenn wir diesem Kind z.B. an einem Teich oder See nun ein schweres Stück Eichenholz in die Hand geben und es fragen, was glaubst du, schwimmt das Stück Holz, dann wird das Kind sein bestehendes Konzept anwenden (vgl. hierzu Inhelder/Piaget 1977, S.43ff.): Das Stück Holz ist groß und schwer, es muss untergehen. Wenn dieses aber nun zu seiner Überraschung schwimmt, dann wird es vermutlich sogar mit der Hand versuchen, das Stück Holz nach unten zu drücken (vgl. ebd.). Das ist gemeint, wenn Piaget sagt, dass das Kind die äußere Umwelt seinen bestehenden Schemata anpasst (vgl. ebd.). Es entsteht ein „kognitiver Konflikt“ für das Kind, weil sich die äußere Umwelt nicht so verhält, wie es eigentlich für das Kind logisch erscheint (vgl. Oerter/Montada 1998, S.553ff.). Dieser hier beschriebene Mechanismus der Assimilation wirkt bei kindlichem und jugendlichem Verhalten (aber auch bei uns Erwachsenen) beständig und er ist auch der Grund für sehr viel vermeintliches „Fehlverhalten“. Das Kind überträgt Verhalten, das sich in anderen Situationen als hilfreich und zielführend erwiesen hat auf ähnlich wirkende Situationen, wo es aber eben nicht zum Ziel führt. Das ist kein böser Wille, es ist einfach der Versuch etwas mit bekannten Mitteln zu erreichen. Ein Verhalten, das beim Opa oder der Oma auf diese oder jene Art und Weise zum Erfolg führt, muss nicht notwendigerweise auch bei der Mama oder dem Papa erfolgreich sein. Was das Kind in diesem Fall lernen kann ist, eine Veränderung seines Schemata (Piaget spricht von Akkomodationen (vgl. Mietzel 1998, S.71-73) führt zum Erfolg. Übertragen auf unser Holzbeispiel bedeutet dies, das Kind muss sein bestehendes Schema (schwere und große Gegenstände gehen im Wasser unter) verfeinern und erweitern. Schwere und große Gegenstände gehen nicht unter, wenn sie aus Holz sind. Holz scheint generell zu schwimmen. Dann hat das Kind etwas gelernt. Genau derselbe Mechanismus ist auch bei Verhalten von Kindern und Jugendlichen wirksam. Es findet also auch hier nichts anderes statt, als eine Ausdifferenzierung und Ausdehnung von bis dato unstrukturierten Bereichen. Lernen heißt ganz generell Ausdifferenzierung und Ausdehnung von bisher zu wenig oder nicht Gekanntem. Es kann auch Umstrukturierung von vermeintlich Bekanntem bedeuten, wie wir am „Holzbeispiel" eben gesehen haben. Man kann all diese Ausdifferenzierung und Ausdehnung bzw. dieses geographische oder auch grob angerissene soziale Lernbeispiel Lewins, ja jegliches Neulernen ganz generell, ganz direkt auf das physiologische bzw. anatomische Geschehen in unserem Kopf übertragen. Hier passiert beim Lernen etwas ganz Ähnliches (vgl. Hüther 2006, S.70-74): Neuronen, also Nervenzellen des Großhirnrinde verbinden sich durch Synapsenbildung. Es bilden sich neue Verbindungen zwischen den Nervenzellen des Gehirns, die vorher offensichtlich nicht bestanden. Die Abbildung 25 zeigt diese Entwicklung von der Geburt bis zum Alter von drei Jahren, einer Zeit also in der wir besonders viel lernen. Man sieht Nervenzellen und ihre Synapsen, die wie Schwanzfortsätze aussehen. Die Nervenzellen selbst werden im Laufe der Entwicklung nicht mehr, aber ihre Verbindungen untereinander, also von Nervenzelle zu Nervenzelle, wachsen enorm, so dass ein sehr dichtes Netz entsteht (vgl. Hüther 2006, S.74). Die Analogie zu Lewins „Bahnhofsbeispiel" liegt geradezu auf der Hand.

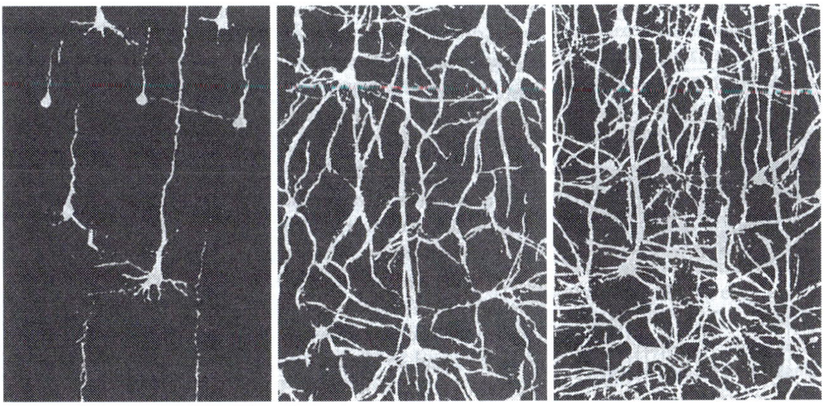


*Abb. 25 Quelle: Vester 2018, S.40/41 (nach Conel)*

**Aus dem 7. Geheimnis ergeben sich im Besonderen folgende Leitsätze für die Erziehung:**

- ✓ Beachten Sie, wenn Sie Verhalten beobachten, die zunehmende Ausdehnung und Ausdifferenzierung des kindlichen Lebensraumes. Kindliches Verhalten wird als Folge von immer mehr Faktoren beeinflusst.
- ✓ Verhalten hängt aufs engste mit Lernen und Entwicklung zusammen. Lernen bedeutet eine Ausdehnung und Ausdifferenzierung von kognitiven Strukturen (Wissen und Können). Dies wiederum schafft Orientierung auch für das Verhalten.
- ✓ Beachten Sie, dass es beim Verhalten sowohl Assimilationen als auch Akkomodationen gibt.

An dieser Stelle bitte ich Sie, wieder Ihr Kind in den Blick zu nehmen. Der Beobachtungsauftrag an Sie lautet wie folgt:

1. Beobachten Sie Ihr Kind in einer für das Kind neuen Situation (z.B. Besuch beim Arzt, bei Freunden, etc.). Wie erschließt sich ihr Kind diesen neuen Lebensraum, d.h. wie geht es dabei vor? Können Sie Aspekte des Bahnhofsbeispiels erkennen?

2. Schaffen Sie im Alltag (z.B. beim Kochen, beim Einkaufen, auf einem Ausflug etc.) immer wieder kleine „experimentelle Situationen" für ihr Kind (analog zum Eichenholz-Experiment). Fragen Sie das Kind vorher, was wohl gleich passieren wird und lassen Sie es dann beobachten, was tatsächlich passiert. Lassen Sie das Kind dann seine Beobachtungen erklären. Sie bekommen dadurch Einblick in die Denkstrukturen Ihres Kindes und leiten es nebenbei gleich - pädagogisch höchst wertvoll - zum experimentierenden Forschen an. Dieser Einblick in die kindlichen Denkstrukturen hilft Ihnen ungemein kindliches Verhalten besser zu verstehen.

***Auch hier gilt: Vorsicht vor zu schnellen Antworten! In Ruhe beobachten! Die aufmerksame Beobachtung ist wichtiger als die schnelle Antwort!***

## 8. Geheimnis: Hinter jeder Momentansituation steht eine Gesamtsituation

Bis zu diesem Geheimnis haben wir uns bei unserem Vorhaben kindliches Verhalten besser zu verstehen vor allem auf momentan vorliegende Situationen konzentriert. Welche Kräfte wirken jetzt in diesem Moment auf mein Kind ein? Welches Verhalten ist jetzt in diesem Moment beobachtbar und was könnten die Hintergründe für dieses jetzt beobachtbare Verhalten sein? Im Grunde ändert sich an diesem Vorhaben auch mit diesem Geheimnis nichts, wir wollen lediglich den Fokus unserer Kamera weiter vergrößern. Wir stellen sozusagen noch eine Stufe höher auf Weitwinkel und versuchen eine Panoramaaufnahme des ganzen Geschehens zu machen.

Kurt Lewin unterscheidet zu diesem Zweck in seiner Feldtheorie so genannte „Momentansituationen" (Lewin 1931b, S.178) von „Gesamtsituationen" (Lewin 1931b, S.174) (vgl. z.B. Lewin 1931b, S.174-180). „Momentansituationen" sind immer eingebettet in eine „Gesamtsituation"[27] (vgl. z.B. Lewin 1931b, S.194ff.). Wenn ich das momentan beobachtbare Verhalten einer Person gründlich verstehen will, so muss ich hierzu die „Gesamtsituation" in der sich diese Person befindet mit einbeziehen. Diese These deutete sich in gewisser Weise schon im 6. Geheimnis an, wo es um die Ausweitung der „Zeitperspektiven" (Lewin 1942a, S.117) mit zunehmendem Alter ging. Wir sagten an dieser Stelle, kleine Kinder leben im Besonderen im Hier und Jetzt, das heißt, übertragen auf unsere Begrifflichkeit hier, in der „Momentansituation". Ihr Verhalten ist demgemäß vor allem aus dem Hier und Jetzt der wirkenden Kräfte, eben der „Momentansituation" erklärbar. Das macht das Verständnis des Verhaltens für einen Außenstehenden deutlich einfacher. Je älter Kinder werden, bis hinein ins Erwachsenenalter, dehnen sich die „Zeitperspektiven" aus (vgl. Lewin 1942a, S.117ff.). Ebenso

27 Gelegentlich bezeichnet Lewin die „Gesamtsituation" auch als allgemeine „Lebenssituation" (z.B. Lewin 1969, S.44).

dehnen sich mit zunehmendem Alter auch unsere Wissens- und Kompetenzhorizonte aus. Wir verfügen zunehmend über mehr Erfahrungen aus ähnlichen Situationen. Wir entwickeln Kompetenzen und Können und beziehen dies in unsere Handlungen mit ein. Unser Denken entwickelt sich gemäß dem schweizer Entwicklungspsychologen Jean Piaget durch biologische Reifung und die tätige Auseinandersetzung mit der Welt über die sensu-motorische (Säugling/Kleinkind) hin zur konkret-operationalen (ca. Grundschulalter) und der abstrakt-operationalen Phase (ca. weiterführende Schule) weiter (vgl. Piaget 1961). Wir sind zunehmend in der Lage komplexer zu denken, Schlüsse zu ziehen, Wissen von einer Situation auf die andere zu transferieren. Dies jedoch bedeutet, dass auch unser Verhalten von immer mehr Faktoren beeinflusst wird, die über die „Momentansituation" hinaus auf eine dahinterstehende „Gesamtsituation" verweisen. Diese „Gesamtsituation" müssen wir, je älter das Kind wird, umso mehr in unser Verständnis des Verhaltens miteinbeziehen.

Ich möchte Ihnen diesen Zusammenhang von „Momentansituation" und „Gesamtsituation" gerne an zwei Beispielen veranschaulichen. Das erste Beispiel ist nicht aus dem Erziehungsbereich, verdeutlicht allerdings aus meiner Sicht eindrucksvoll, was Lewin meint (vgl. hierzu auch Bogner 2017, S.105ff.). Lewin beschreibt hierbei folgenden Fall:

> *„Eine Arbeiterin steht am Webstuhl in der großen lauten Weberei als vorletzte in der achten Reihe. Ein Faden ist gerissen. Sie ist im Begriff, die Maschine anzuhalten, um zu untersuchen, was los ist. Es ist kurz vor der Mittagspause. Die Arbeiterin hat am Vormittag wenig geschafft. Sie ist ärgerlich."*
>
> (Lewin 1969, S.44)

Was Lewin hier beschreibt, ist die „Momentansituation" einer Arbeiterin. Unterschiedliches Verhalten wird sichtbar: sie arbeitet am Webstuhl – sie erkennt ein Problem - sie ist dabei, die Maschine zu stoppen, um das Problem zu beheben – sie war bisher wenig produktiv – sie ärgert sich. Greifen wir ein Verhalten aus dieser momentanen Situation heraus, welches uns vielleicht am meisten berührt: Sie ärgert sich. Der Fabrikbesitzer würde sich vermutlich für ein anderes Verhalten interessieren, nämlich, dass sie am Vormittag wenig produktiv war. Wenn wir dieses Verhalten verstehen wollten, dann würden wir vermutlich die Gründe in der Momentansituation suchen und eine Erklärungskette finden wie: Sie ist ärgerlich, weil sie wenig geschafft hat und jetzt auch noch der Faden gerissen ist. In der Halle ist es zudem, was die Arbeitsbedingungen betrifft, zu laut und kurz vor Mittag geht die Konzentration zur Neige (vgl. Bogner 2017, S.106). Wenn wir etwas an diesem Verhalten verändern wollten, dann könnten wir über bessere Arbeitsbedingungen nachdenken, mehr Pausen, vielleicht aber auch mehr Druck oder mehr Anreize. Alles hier Beschriebene konzentriert sich bei der Erklärung des Verhaltens auf die „Momentansituation" und vergisst die „Gesamtsituation" in die dieser Fall eingebettet ist. Hier ist allerdings möglicherweise die eigentliche Erklärung für das Verhalten der Frau zu suchen. Lewin beschreibt diese Gesamtsituation wie folgt:

> *„Sie ist seit drei Jahren verheiratet. Seit anderthalb Jahren hat der Mann keine Arbeit mehr. Das zweijährige Kind ist ernsthaft krank gewesen, aber es scheint ihm heute etwas besser zu gehen. Mit dem Mann gibt es in der letzten Zeit häufig Krach, auch heute morgen. Die Eltern des Mannes haben ihr angeboten, das Kind zu sich aus Land zu nehmen. Die Frau schwankt innerlich sehr zwischen ja und nein."*
>
> (Lewin 1969, S.44)

Die „Gesamtsituation" zeigt, dass die Frau unter enormem privaten Druck steht. Sie hat hier echte, ungelöste Konflikte und ihre momentane Gestimmtheit wird vermutlich ganz wesentlich durch eben diese „Gesamtsituation" verursacht. Hier liegt vermutlich die eigentliche Lösung für die oben beschriebenen Probleme, und Veränderungen der „Momentansituation" wären nur ein Tropfen auf den heißen Stein.

Man könnte dieses Beispiel ganz analog auf Schulsituationen übertragen, in denen sich ein Achtklässler unkonzentriert, unproduktiv oder störend im Unterricht zeigt oder aber zuhause keinerlei Anstalten macht, seine Hausaufgaben zu erledigen. Nehmen wir unseren Kevin-Fall vom zweiten Kapitel: Was hier sichtbar wird ist die „Momentansituation“ und auf diese allein bezieht sich Herr Zäh, wenn er Kevin für sein Verhalten tadelt. In einem respekt- und vertrauensvollen Gespräch unter vier Augen nach dem Unterricht allerdings hätte Kevin vielleicht offenbart, dass er sich Sorgen wegen der angespannten Situation zwischen seinen Eltern zuhause macht. Der Vater hat seine Arbeit verloren und es kommt seitdem zu immer größeren Spannungen zwischen den Eltern. Am Abend zuvor beispielsweise kam es zu einem Streit, der bis weit in die Nacht hinein ging. Das ist der Grund für Kevins Müdigkeit.

Erwachsene klassifizieren ein bestimmtes Verhalten viel zu schnell aus ihren Beobachtungen einer „Momentansituation“ (z.B. das desinteressierte Verhalten von Kevin im Unterricht), aber die Lösung (also ein verändertes Verhalten) liegt möglicherweise nicht in dieser „Momentansituation“, sondern in einer dahinterstehenden „Gesamtsituation“: Ärger mit den Eltern, mit Freunden, Trennung von der Freundin. Es macht Sinn, wenn man Verhalten tatsächlich in die Tiefe verstehen will, Einblick in diese „Gesamtsituation“ zu bekommen, anstatt sich in seinem Erziehungshandeln ganz auf die „Momentansituation“ zu stürzen. Als Lehrer habe ich stets versucht – soweit das im räumlich und zeitlich eng getakteten Schulalltag möglich war - im Vieraugengespräch herauszufinden, was „eigentlich los ist“. Damit meinte ich stets, was eigentlich die Situation („Gesamtsituation“) hinter dem heute beobachtbaren Verhalten („Momentansituation“) ist. Allein schon dieses Interesse des Erwachsenen an der „Gesamtsituation“ bewirkt oft enorm viel, weil der Jugendliche merkt, dass man Interesse an ihm als Person hat und sein Verhalten nicht vorschnell als negativ klassifiziert, sondern versucht, die Mechanismen und Kräfte dahinter zu verstehen. Hierdurch verändert sich die

Beziehung zwischen Erwachsenem und Kind bzw. Jugendlichem fundamental.

Ich möchte Ihnen noch an einem zweiten Beispiel eine weitere Facette der „Gesamtsituation" verdeutlichen. Beim Webstuhl-Beispiel eben war ja der Hauptaspekt der von Konflikten in der Lebenssituation der Frau, die sich offensichtlich auf die „Momentansituation" auswirken, bzw. in diese hineinwirken. Die Facette der „Gesamtsituation" die im folgenden Beispiel im Vordergrund stehen soll, bezieht sich nicht auf Konflikte, sondern auf die Möglichkeiten und Potentiale eines Kindes in seiner Lebenssituation bzw. „Gesamtsituation". Diese Potentiale wurden anfangs dieses Geheimnisses bereits sehr allgemein und grob umrissen, etwa dass sich mit zunehmendem Alter des Kindes neben den „Zeitperspektiven" (Lewin 1942a, S.117) auch der Wissens-, Kompetenz- und Erfahrungshorizont ausdehne. Zudem, und auch dies benannten wir oben bereits, entwickelt sich das Denken des Kindes durch biologische Reifung und die tätige Auseinandersetzung mit der Welt bis hinein in die abstrakt-operationale Phase (ca. weiterführende Schule) (vgl. Piaget 1961). Wir sagten an dieser Stelle auch, dass damit das Verhalten des Kindes von immer mehr Faktoren beeinflusst wird, die über die „Momentansituation" hinaus auf eine dahinterstehende „Gesamtsituation" verweisen.

Wie unterschiedlich jedoch diese individuellen „Gesamtsituationen" von Kindern sein können, das wird im folgenden Beispiel deutlich. Die Darstellungen sind Originaldarstellungen von Kurt Lewin, und sie sind noch etwas abstrakter als die bisher verwendeten Schaubilder[28] (z.B. Abb.19). Lassen Sie sich von dieser – auf den ersten Blick – großen Abstraktheit nicht abschrecken, es wird gleich klar werden.

28 Es handelt sich um sogenannte Topologische Darstellungen. Die Topologie ist ein Bereich der Mathematik, der enorm wichtig für Kurt Lewins Feldtheorie ist. Wenn Sie hier tieferes Verständnis suchen sollten, dann finden Sie dieses in meinem Buch Die Feldtheorie Kurt Lewins (2017), wo ich ausführlich darstelle, wie Lewin seine Feldtheorie entwickelt hat und warum die Topologie für ihn so wichtig war.

Lewin verwendete diese Beispiele, um zu verdeutlichen, wie unterschiedlich die „Gesamtsituationen“ zweier gleichaltriger Kinder aussehen können (vgl. Lewin 1969, S.64ff.).[29] Die Abbildung 26 zeigt ein Kind (A), die Abbildung 27 ein anderes Kind (B). Mit diesen Darstellungen versucht Lewin vor allem deutlich zu machen, wie unterschiedlich die „Bereiche der freien Bewegung“ (Lewin 1931b, S.179) für beide Kinder sind (vgl. ebd.). „Freie Bewegung“ meint hier bei Lewin nicht notwendigerweise nur motorische bzw. körperliche Bewegungsmöglichkeiten, sondern Verhalten jeder Art, insofern könnte man passender auch von Handlungsspielraum sprechen. Diese „Bereiche der freien Bewegung“ (Lewin 1931b, S.179) erkennt man in den Abbildungen an den Flächen, die tatsächlich weiß gelassen wurden. Innerhalb dieser weißen Flächen kann sich das Kind, das sich ebenfalls in den Abbildungen jeweils als K findet, ungehindert „bewegen“ bzw. im übertragenen Sinne frei handeln.

**Kind A:**

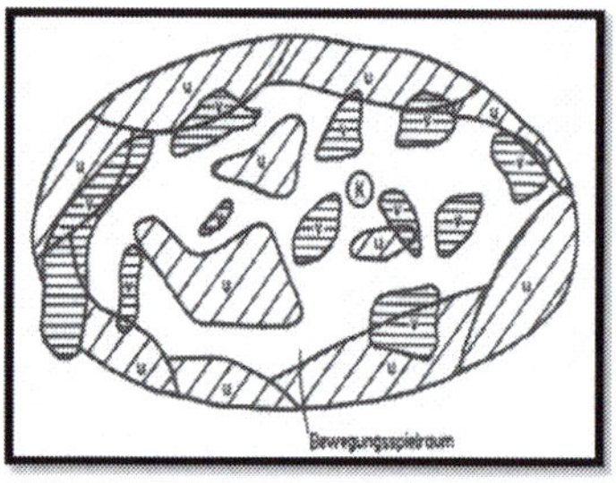


Abb. 26

**Kind B:**

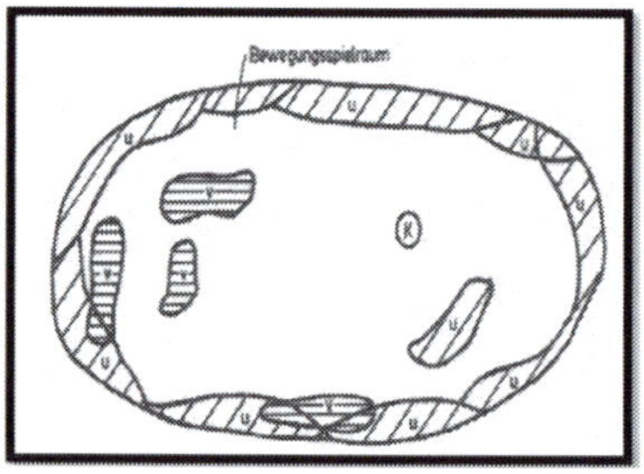


Abb. 27 Quelle: Lewin 1969, S.64

**Legende:**

***K – Kind***
***U – Unvermögen (bestimmte Kompetenzen, die dem Kind fehlen)***
***V – Verbote („du darfst dich nicht schmutzig machen“, „du darfst nicht an den elterlichen Schreibtisch“, etc.)***

29 Genau genommen geht es Lewin hierbei vor allem um die Bestimmung des „psychologischen Ortes“ (Lewin 1931b, S.179) des jeweiligen Kindes (vgl. ebd.).

Neben diesen weißen Bereichen gibt es eine ganze Reihe anderer Bereiche, die unterschiedlich schraffiert sind und die vom Kind nicht „betreten“ werden können, was so viel bedeutet wie: Hier kann oder darf das Kind nicht handeln. Sie sind mit einer festen Grenze umschlossen. Diese schraffierten Bereiche sind entweder mit einem U oder mit einem V gekennzeichnet. U steht hierbei für „Unvermögen“ und damit meint Lewin, dass das Kind in diesen Bereichen noch nicht über ausreichende „... soziale, physische und intellektuelle Fähigkeiten“ (Lewin 1931b, S.179) verfügt (vgl. ebd.).[30] Das Kind ist beispielsweise noch nicht in der Lage, Treppen allein zu überwinden, damit stellt z.B. die obere Etage in einer mehrgeschossigen Wohnung einen unzugänglichen Bereich im Lebensraum des Kindes dar, der in diesem Falle mit einem U versehen würde. Oder das Kind ist noch nicht in der Lage zu lesen, die Bücher in der elterlichen Wohnung sind damit für das Kind unzugänglich, bzw. es wird sie vielleicht benutzen um Türme zu bauen, aber der Inhalt der Bücher selbst bleibt für das Kind unzugänglich, auch dies würde in der Abbildung mit einem U versehen werden. Oder aber das was auf dem Tisch liegt, ist für das Kind nicht zu erreichen bzw. nicht sichtbar, weil es körperlich noch zu klein ist und noch nicht über die intellektuellen Fähigkeiten verfügt, sich einen Stuhl als Hilfe zu nehmen. Aus diesen exemplarischen Beispielen soll deutlich werden, dass der „Bereich der freien Bewegung“ (Lewin 1931b, S.179) für das Kind durch fehlende Kompetenzen begrenzt wird.

Hinzu kommen nun noch die Bereiche, die mit einem V versehen sind. Hierbei handelt es sich um Verbote oder Tabus (vgl. Lewin 1931b, S.179). Der Laptop auf dem Schreibtisch der Eltern oder aber das Hochklettern auf den Tisch könnte von den Eltern mit einem solchen Tabu versehen werden. Wenn das Kind rausgeht, dann soll es sich nicht schmutzig machen. Pfützen oder in der Erde spielen sind damit

30 Heute würde man sicherlich von fehlenden Kompetenzen in bestimmten Bereichen sprechen.

tabu. Später dann sind es vielleicht Netflix, soziale Netzwerke oder WhatsApp, zumindest so lange, wie die Eltern hier technisch noch auf dem gleichen Stand sind wie ihre Kinder. Auch all dies begrenzt den Handlungsspielraum des jeweiligen Kindes und so ergeben sich höchst unterschiedliche „Gesamtsituationen“ für jedes einzelne Kind.

Die Abbildungen 26 und 27 zeigen, wie unterschiedlich die jeweiligen „Gesamtsituationen“ bei den beiden, eigentlich gleichaltrigen, Kindern A und B sind. Man könnte sich die äußerste Grenzlinie der Ellipse als normale altersgemäße Begrenzung der Handlungsmöglichkeiten vorstellen. Beim Kind B rechts in Abbildung 27 sieht man, dass der Handlungsspielraum praktisch nur durch das seinem Alter entsprechende „Noch-nicht-Können“ einzelner Bereiche begrenzt wird. Es spricht beispielsweise noch keine Fremdsprache und kann sich deshalb im Urlaub nicht mit einheimischen Kindern unterhalten. Oder es hat nicht genug Taschengeld, um sich einen besseren Computer zu kaufen, mit dem es bestimmte Videoschnittprogramme verwenden könnte. Es gibt lediglich eine Kompetenz, die man sozusagen in seinem Alter erwarten könnte, über die es jedoch noch nicht verfügt. Vorstellbar wäre etwa, es kann nicht gut malen oder aber es kann beim Spielen nicht verlieren. Das behindert das Kind aber in seinen Handlungsmöglichkeiten nur unwesentlich. Seine Handlungsmöglichkeiten werden auch durch elterliche Verbote oder Tabus kaum beschränkt.

Beim Kind A in der linken Abbildung 26 sieht die „Gesamtsituation“ fundamental anders aus (vgl. Lewin 1969, S.64). Die nach außen, als für dieses Alter erwartbar begrenzenden Bereiche des „Nochnicht-Könnens“, sind deutlich größer und engen das Kind in seinen Handlungsmöglichkeiten schon hier deutlicher ein. Zudem gibt es innerhalb des erwartbaren Kompetenzbereiches große Bereiche, die den Handlungsspielraum des Kindes weiter einengen. Das Kind tut sich beispielsweise enorm schwer mit Lesen und Schreiben oder aber es ist kaum in der Lage Freundschaften aufzubauen oder zu halten.

Zusätzlich zu diesem deutlich größeren „Noch-nicht-Können“ gibt es auffallend viele Verbote und Tabus, so dass insgesamt ein enorm eingeengter Handlungsspielraum entsteht. Dieser wiederum kann in der Folge wieder Ursache werden für weitere Einschränkungen bei der Entwicklung und in gewisser Weise entsteht so ein Teufelskreis. Für dieses Kind würde es auf Seiten der Eltern darum gehen, zunächst einmal zu überlegen, welche Verbote und Tabus tatsächlich notwendig sind, und wo man ihm einen Bereich erschließen könnte, der insgesamt seinen Handlungsspielraum größer werden lässt. Ein ausreichend großer Handlungsspielraum ist für die kindliche Entwicklung extrem wichtig, nur so kann es sich selbst erfahren und Erkenntnisse sammeln, die wiederum für die weitere Entwicklung von zentraler Bedeutung sind. In der kindlichen Entwicklung gilt ganz uneingeschränkt das so genannte Matthäus Prinzip, das besagt, dass denen, die haben (Handlungsspielraum durch Kompetenzen) weiter gegeben wird, während denen die nicht haben (Handlungsspielraum), genommen wird (die Möglichkeit zu weiterem Kompetenzerwerb) (vgl. hierzu beispielsweise Lutter 2012, S.11ff.). Für Lewin ist die hier angedeutete Analyse der „Gesamtsituation“ eines Kindes die Grundvoraussetzung dafür, das jeweilige kindliche Verhalten zu verstehen (vgl. Lewin 1931b, S.179).

Aus dem 8. Geheimnis ergeben sich im Besonderen folgende Leitsätze für die Erziehung:

- ✓ Beachten Sie, dass „Momentansituationen“ immer in „Gesamtsituationen“ eingebettet sind.
- ✓ Begrenzen Sie die Handlungsspielräume Ihres Kindes nicht übermäßig durch Verbote und Tabus. Gesunde Entwicklung braucht Entfaltungs- und Versuchsräume.

An dieser Stelle habe ich eine Beobachtungsaufgabe, die wieder Ihr Kind in den Blick nimmt. Sie könnte dabei helfen, Ihnen bewusst zu machen, wie sehr die Momentan-situationen bisweilen von der Gesamtsituation bestimmt werden. Der Auftrag an Sie lautet wie folgt:

1. Ihr Kind ist heute besonders motzig und schlecht gelaunt. Das Essen schmeckt nicht, die Hausaufgaben sind viel zu lang, das Internet ist wieder viel zu langsam, das Handy ein „Schrott" etc. Schauen Sie sich dieses „Gemotze" und „Gezeter" eine Weile an, ohne direkt einzugreifen. Fragen Sie dann ihr Kind in einem „beruhigten" Moment, wie es in der Schule mit den Freunden etc. (Gesamtsituation) läuft, bzw. was das Kind gerade bewegt? Es wird vielleicht auch hier zunächst motzig reagieren („Alles klar") aber bleiben Sie hartnäckig. Versuchen Sie es vielleicht nach einer gewissen Weile nochmals, an die Gesamtsituation heranzukommen.

*Auch hier gilt: Vorsicht vor zu schnellen Antworten! In Ruhe beobachten! Die aufmerksame Beobachtung ist wichtiger als die schnelle Antwort!*

## 9. Geheimnis: Vom kindlichen Feld geht erzieherische Wirkung aus

Im Grunde deutete sich auch dieses Geheimnis schon an anderer Stelle an, beispielsweise beim „Martha-Beispiel" oben im 5. Geheimnis. An dieser Stelle wurde sichtbar, dass die Werte und Normen der Eltern, ihr Verhalten anderen Menschen gegenüber, ihre Gespräche untereinander, Ihr Umgang mit Martha, ihre Botschaften, die sie mit ihrem Verhalten, Ihrer Mimik und Gestik, nicht selten unbewusst senden, eine bestimmte Atmosphäre erzeugen. Diese Atmosphäre hat eine enorme Macht auf kindliches Verhalten, wie ebenfalls im „Martha-Beispiel" sichtbar wurde. Auch dann, das wurde im 5. Geheimnis deutlich, wenn die relevanten Personen gar nicht anwesend sind, weil diese Personen mit Ihrem Denken, ihren Werten und Normen vom Kind verinnerlicht werden (vgl. Lewin 1931, S.137ff.).

Lewin geht in der Bedeutung von entsprechenden Atmosphären für das Verhalten eines Kindes sogar so weit, dass er sagt, dass diese weitaus wichtiger wären als jede für das Kind noch so einschneidende einzelne Erfahrung (vgl. Lewin 1939a, S.140). Das Kind einmal ungerechtfertigter Weise laut und barsch „angemotzt" zu haben ist so verstanden kein Problem in der Erziehung, noch dazu wenn Eltern sich dafür auch entschuldigen können, problematisch wird es erst, wenn Kinder dauerhaft in einer durch und durch autoritären oder Leistung=Anerkennungs-Atmosphäre aufwachsen müssen. Erst eine solche Atmosphäre prägt die innere Haltung und das Verhalten eines Kindes nachhaltig.

Die ein Kind umgebende Atmosphäre ist für Lewin „... gleichbedeutend mit dem Gravitationsfeld für ein physikalisches Objekt [z.B. einen Apfel], dessen Verhalten nicht allein durch seine Eigenschaften [z.B. sein Gewicht] bestimmt wird, sondern gerade umgekehrt ..." (Bogner 2017, S.285), dass sein beobachtbares Verhalten vielmehr im

Wesentlichen gerade durch dieses umgebende und durchdringende Gravitationsfeld hervorgerufen wird (vgl. Lewin 1939a, S.141). Die Angst der Mutter vor Hunden wäre ein solches Beispiel (hier das Gravitationsfeld), das häufig genau diesen unsicheren Umgang bei einer Begegnung mit einem Hund auch beim Kind erzeugt. Wir hingegen halten gemeinhin den Hund für den Ursprung des Angstgefühls, dabei verleiht erst die mütterliche Angst der Situation eine angsterfüllte Atmosphäre. Das Kind spürt diese mütterliche Angst und reagiert darauf. Der Hund selbst könnte charakterlich in Wirklichkeit ein Lamm sein, es würde nichts an seiner „Bedrohlichkeit" verändern. Die allgemeine elterliche Unruhe vor einer Reise, der Streit oder die unterschwelligen Spannungen zwischen den Eltern, all das könnten weitere Beispiele für ein solches „Gravitationsfeld" sein, das wiederum vom Kind wahrgenommen wird und entsprechendes Verhalten wahrscheinlicher macht als anderes und das Kind dauerhaft nachhaltig prägt.

Lewin untersucht und beweist genau diese Wirkung von Atmosphären auf kindliches Verhalten intensiv in mehreren seiner Arbeiten, unter anderem auch in einer großen Forschungsstudie in den USA, dem so genannten Iowa Child Welfare Project (vgl. Lewin et al. 1939; Lewin/Lippitt 1938; Lewin 1939a, Lewin 1938)[31]. Diese Studie gilt bis heute als wegweisend für die Erziehungsstilforschung, die sich mit der Frage beschäftigt, welche Wirkungen ein bestimmter Erziehungsstil auf das Verhalten eines Kindes hat. Auch die bis heute im Wesentlichen gültige Unterscheidung von demokratischen, autoritären oder laissez-faire Erziehungsstilen geht auf diese Studie Lewins zurück.

In dieser oft zitierten so genannten Feldstudie (vgl. Lewin/Lippitt 1938, S.131-134) bildete Lewin im Rahmen eines Sommercamps[32]

---

31 Eine ausführliche Beschreibung dieser Forschungsstudie finden Sie in meinem Buch „Die Feldtheorie Kurt Lewins" (Bogner 2017, S.283-290).

32 Eine ausführliche Beschreibung dieser Forschungsstudie finden Sie in meinem Buch „Die Feldtheorie Kurt Lewins" (Bogner 2017, S.283-290).

drei vergleichbare Gruppen mit hunderten zehn bis elfjährigen Kindern. Jede Kleingruppe bestand jeweils aus fünf Mitgliedern. Jede der drei Gruppen wurden von einem Gruppenleiter zunächst über drei Wochen begleitet. Dieser Gruppenleiter wurde vorab in einem bestimmten Führungs- bzw. Erziehungsstil intensiv ausgebildet. Auf diese Weise wurde gewährleistet, dass es Gruppenleiter gab, die ihre Kleingruppen entweder autoritär, demokratisch oder im laissez-faire Stil führten. Ein Gruppenleiter wendete jeweils ausschließlich und konsequent einen dieser drei Führungs- bzw. Erziehungsstile an. Nach drei Wochen wechselte der Gruppenleiter und die jeweilige Kleingruppe erlebte nun für nochmals drei Wochen einen anderen Führungs- bzw. Erziehungsstil. Mittels dieser unterschiedlichen Führungs- bzw. Erziehungsstile sollte eine unterschiedliche Atmosphäre in den Kleingruppen erzeugt werden, um dann zu beobachten, wie sich das Verhalten der Kinder daraufhin verändert. Im autoritären Erziehungsstil wurde darauf geachtet, dass sich eine klare Hierarchie ergab, d.h. der Gruppenleiter hatte das Sagen, er gab vor, was zu tun war und verhandelte auch nicht. Sein Wort war Gesetz. Er hatte die ganze Macht und konnte bzw. sollte Fehlverhalten der Gruppenmitglieder jederzeit sanktionieren, bzw. gewünschtes Verhalten Loben. Der autoritäre Gruppenleiter sollte des Weiteren darauf achten, dass seine Beziehung zur Gruppe nicht zu eng bzw. persönlich wurde.

Beim demokratischen Führungs- bzw. Erziehungsstil hingegen wurde viel Wert auf Argumentation bzw. Aushandeln gelegt. D.h. der Gruppenleiter befehligte die Gruppe nicht aus einer starren Hierarchie heraus, an dessen Spitze er thronte, sondern er sollte vielmehr Mitbestimmung der Kinder ermöglichen, Aushandlungsprozesse zu lassen aber dabei stets „primus inter pares" (lateinisch: Erster unter Gleichen) bleiben. Wenn sein Rat erforderlich war, dann gab er diesen, wenn möglich auch mit Alternativen. Die Entscheidungen wurden jedoch dann gemeinsam gefällt und nicht mittels Macht auferlegt. Auch er sollte loben und kritisieren aber auf Sanktionen und Bestrafungen verzichten. Die Beziehungen zu den Gruppenmitgliedern durften persönlicher sein, d.h. auch private Fragen und Gespräche waren erlaubt. Das Kind sollte nicht reduziert werden auf seine Rolle als Gruppenmitglied, sondern als ganzer Mensch respektiert werden. Insgesamt sollte der Gruppenleiter darauf achten, dass die Beziehung zur Gruppe weniger distanziert sein sollte, als etwa im autoritären Führungs- bzw. Erziehungsstil.

Beim laissez-faire Führungs- bzw. Erziehungsstil wiederum sollte sich der Gruppenleiter ganz aus den Gruppenprozessen und Diskussionen heraushalten. Wie der Name schon andeutet, ging es im Grunde darum, die Gruppe sich selbst zu überlassen. Keine Hierarchie, keine Macht, keine Ratschläge, kein Loben und Kritisieren, kein Sanktionieren. Das waren letztlich kurz zusammengefasst die Vorgaben und Maximen für diese Gruppenleiter.

Welches Verhalten erzeugten nun die jeweils durch den Führungs- bwz. Erziehungsstil erzeugten Atmosphären bei den Kindern? Das war, was Lewin eigentlich interessierte. Insbesondere interessierten ihn die Unterschiede zwischen den autoritär und den demokratisch geführten Kleingruppen und zwar im Hinblick auf folgende Phänomene (vgl. Lewin/Lippitt 1938, S.137/138): Wie waren die Arten und Häufigkeiten der Beziehungen zwischen den Gruppenmitgliedern? Wie gingen die Gruppenmitglieder miteinander um? Wie häufig kam es zu Konflikten oder aggressivem Verhalten? Wie intensiv kooperierten die Gruppenmitglieder und wie war ihr Zusammenhalt untereinander? Wie war die Qualität der in den Gruppen hergestellten und gebastelten Drachen, Hütten oder Theatermasken? Wie verhielten sich die Gruppenmitglieder, wenn der Gruppenleiter nicht anwesend war? Kurzum: Welche Auswirkungen hatte der Führungs- bzw. Erziehungsstil auf unterschiedliche Aspekte von Verhalten und hier insbesondere das Sozialverhalten?

Die Ergebnisse waren frappierend und konnten auch in anderen Studien immer wieder bestätigt werden. Die nachfolgende Tabelle stellt einen Vergleich zwischen autoritärem und demokratischem Führungs- bzw. Erziehungsstil dar und fasst die Ergebnisse folgendermaßen zusammen:

| Kategorie | Indikator | autoritäre Atmosphäre | demokratische Atmosphäre |
|---|---|---|---|
| allgemeine Spannungslage | ➢ Verhalten der Gruppenmitglieder untereinander | ➢ deutlich mehr dominantes und submissives (unterwürfiges) Verhalten der Gruppenmitglieder untereinander | ➢ kaum dominantes und submissives Verhalten zwischen Gruppenmitgliedern beobachtbar |
| | ➢ verbale Aggressionen zwischen den Gruppenmitgliedern | ➢ 30 mal häufiger verbale Aggression zwischen den Gruppenmitgliedern | ➢ verbale Aggressionen zwischen Gruppenmitgliedern sind eine absolute Randerscheinung |
| | ➢ Sündenböcke bzw. Mobbing in der Gruppe | ➢ Sündenböcke und Mobbingopfer gibt es überhaupt nur hier | ➢ kein Mobbing beobachtbar |
| Ausmaß an Kooporation | ➢ konstruktive Vorschläge in der Gruppe | ➢ deutlich weniger | ➢ deutlich häufiger |
| | ➢ gegenseitiges Loben der Gruppenmitglieder | ➢ kaum beobachtbar | ➢ häufig beobachtbar |
| | ➢ „Zeichen der Freundlichkeit" zwischen Gruppenmitgliedern (gegenseitige Hilfe) | ➢ kaum beobachtbar | ➢ häufig beobachtbar |

| | | | |
|---|---|---|---|
| Gruppen-struktur | ➢ Sünden-bock-Phänomene | ➢ Häufiger beobachtbar | ➢ Nicht beobachtbar |
| | ➢ Verhalten wenn Gruppenleiter fehlt | ➢ Tendenz zur Desorganisation | ➢ Gruppe arbeitet auch ohne Gruppenleiter weiter |
| | ➢ Integration von neuen Gruppenmitgliedern | ➢ Integration sehr schwierig | ➢ Integration neuer Gruppenmitglieder problemlos |
| Arbeitsergebnisse/ Produkte | ➢ Qualität der hergestellten Produkte | ➢ gute Qualität | ➢ gute Qualität |
| | ➢ Quantität der hergestellten Produkte | ➢ höhere Quantität | ➢ etwas geringere Quantität |
| Wir-Gefühl bzw. Egozentrismus | ➢ „Wir-Äußerungen" wurden gezählt | ➢ selten „Wir-Äußerungen" | ➢ häufig „Wir-Äußerungen" |
| | ➢ „Ich-Äußerungen" wurden gezählt | ➢ deutlich häufiger „Ich-Äußerungen"<br>➢ deutlich mehr Egozentrismus beobachtbar | ➢ deutlich weniger „Ich-Äußerungen"<br>➢ deutlich weniger Egozentrismus beobachtbar |

*Abb. 28* *(Quelle: Bogner 2017, S.289[33]; leicht adaptiert; Hervorhebungen nicht im Original)*

Wenn Lewin seiner Zeit von „Sündenbock-Phänomenen“ sprach, so würden wir heute vermutlich von „Mobbing“ sprechen. Mobbing wäre demgemäß vor allem eine Folge von vorherrschenden Gruppenatmosphären. Für diese Gruppenatmosphären wiederum sind – wenn man Lewins Theorie folgt - vor allem die Erwachsenen, die Erziehenden und Bezugspersonen der Kinder verantwortlich. Dies ist eine Erkenntnis, die in der heutigen Diskussion um zunehmendes Mobbing (z.B. an Schulen) viel zu wenig Beachtung findet.

33 Vgl. hierzu insgesamt Lewin/Lippitt 1938, S.137/138

Warum ist diese Studie so bedeutsam, wenn es darum geht, kindliches bzw. jugendliches Verhalten besser zu verstehen? Nun, diese Studie zeigt sehr deutlich, wie eine bestimmte Atmosphäre für das Kind ein Kraftfeld (Gravitationsfeld) erzeugt, den kindlichen Lebensraum durchdringt und die Wahrscheinlichkeit für ein bestimmtes Verhalten deutlich erhöht. Umgekehrt formuliert könnte man auch sagen, dass wann immer sich ihr Kind vermehrt aggressiv, verschlossen oder unmotiviert zeigt, Sie Ihren Blick weiten sollten. Schauen Sie in welchen Umfeldern und Bezugsgruppen sich Ihr Kind im Moment bewegt und welche Atmosphären hier vorherrschen. An welchen Normen und Werten ist das Handeln in diesen Bezugsgruppen ausgerichtet? Ganz konkret könnten mögliche Fragen hier lauten: Wie ist die Atmosphäre bei Ihnen zuhause? Wie ist die Atmosphäre in der Schulklasse oder im Freundeskreis Ihres Kindes? Gerade der Freundeskreis wird mit zunehmendem Alter des Kindes von immer größerer Bedeutung für das Befinden und das Verhalten des Kindes.

Wir sagten bereits an anderer Stelle, dass sich mit zunehmendem Alter der soziale Lebensraum des Kindes erweitert. Dieser Prozess erlebt in aller Regel mit dem Eintritt in den Kindergarten seinen ersten Höhepunkt. Das Kind kommt mit anderen Kindern und Erziehungspersonen in Kontakt und erlebt möglichweise hier zum ersten Mal systematisch, dass andere Werte und Normen für das Verhalten wichtig sind als zuhause. Das Kind schließt hier auch erste Freundschaften. Über die Grundschule und die weiterführende Schule kommt das Kind mit immer mehr Personen in Kontakt. Freundschaften entstehen und vergehen, manche bleiben, andere gehen. Zunehmend wird vor allem an den weiterführenden Schulen die Peer-Gruppe, also die erweiterte Freundesgruppe, relevant. Was Normen und Werte angeht, bekommt diese Gruppe gerade in der Pubertät eine zunehmend wichtigere Rolle und löst in gewisser Weise als „Trendsetter" auch die Eltern ab. Was geht und was nicht geht, was passt und was nicht passt, was cool oder angesagt ist und was nicht, das richtet sich jetzt mehr und mehr nach dem was die Freunde denken. Die hier geltenden Werte und Normen werden jetzt mehr und mehr zu Leitplanken des Verhaltens. Das erleben nicht wenige Eltern als schmerzhaften und konfliktreichen Prozess, aber es ist ein natürlicher und wichtiger Schritt in die Selbständigkeit. Auch der zunehmende Medienkonsum, die „Idolisierung" bestimmter Serien, Schauspieler, Popstars und Sportler tragen zur Neuorientierung des Verhaltens bei. Das Kind entdeckt sein Ego, bzw. es entwirft sein Ego, macht sich zunehmend Gedanken darüber, wie es nach außen wirkt bzw. wirken möchte. Auch das ist ein Anzeichen dafür, dass das Kind bzw. der Jugendliche seine Zeitperspektiven ausgedehnt hat.

Was in dieser Zeit, gerade durch die peer-groups und den vermehrten Medienkonsum, eine große Rolle spielt, ist das so genannte „Lernen am Modell". Kinder lernen ein bestimmtes Verhalten am Modell von Schauspielern oder insgesamt Idolen (das können auch Freunde oder Mitschüler sein). Gerade die peer-groups haben in dieser Zeit eine so große Macht, weil es den Kindern zunehmend, ja nicht selten ausschließlich, um soziale Zugehörigkeit geht, gerade deshalb ist auch Mobbing als Phänomen so verheerend in dieser Phase des Lebens, weil es beim Mobbing um Ausschluss geht. Wir werden darauf gleich nochmals zurückkommen. Bleiben wir noch kurz beim „Lernen am Modell". Aus der Lernpsychologie wissen wir, dass es wenige Lernformen gibt, die nachhaltiger und besser wirksam sind als das „Lernen am Modell" (vgl. Mietzel 1998, S.159-163). Allerdings nur dann, wenn das „Modell" eine geschätzte Person ist (vgl. Bandura 1971, S.54/55). Dieses Lernen könnte auch als „Meister-Lehrlings-Methode" bezeichnet werden (vgl. Mietzel 1998, S.109-111): Der Meister macht etwas vor, der Lehrling schaut zu. Dann macht es der Lehrling und der Meister schaut zu und gibt anfangs viel Hilfestellung und Rückmeldung, dann zunehmend weniger, bis es der Lehrling alleine machen kann. Nachahmung und Anerkennung spielt bei diesem Lernen eine zentrale Rolle (Bandura 1971, S.54/55). In peer-groups wiederum spielt gerade diese Anerkennung eine zentrale Rolle. Das wiederum bedeutet für unser Anliegen, Verhalten von Kindern und Jugendlichen besser zu verstehen: Weiten Sie mit zunehmendem Alter Ihres Kindes den Blick und schauen Sie auf die Peer-Groups, auf die Freundschaften, auf die Schulklasse, die Schule, die Sportvereine Ihres Kindes. Achten Sie darauf, was Ihr Kind für Serien schaut und welche Computerspiele es spielt. All das gehört zum Lebensraum des Kindes und erzeugt sein Verhalten.

**Aus dem 9. Geheimnis ergeben sich im Besonderen folgende Leitsätze für die Erziehung:**

- ✓ Das Verhalten Ihres Kindes wird von seinem Lebensraum und Umfeld ganz wesentlich beeinflusst. Hierzu gehören mit zunehmendem Alter vor allem der Freundeskreis und die Gruppen in denen sich Ihr Kind bewegt aber auch Personen des öffentlichen Lebens mit denen sich Ihr Kind identifiziert.
- ✓ In diesen Gruppen herrscht eine bestimmte Atmosphäre, auf die Ihr Kind in spezifischer Weise reagiert.
- ✓ Auch bei Ihnen zuhause herrscht eine bestimmte Atmosphäre, die Ihr Kind ganz wesentlich in seinem Verhalten beeinflusst.
- ✓ Achten Sie auf Möglichkeiten der Mit- und Selbstbestimmung für Ihr Kind im Alltag.

An dieser Stelle habe ich gleich mehrere Beobachtungsaufgaben für Sie, die Ihnen dabei helfen sollen, die Lebensräume ihres Kindes und die hier herrschenden Atmosphären besser zu verstehen. Die Aufträge an Sie lauten wie folgt:

1. Nehmen Sie einmal Ihren eigenen Erziehungsstil in den Blick, um zu erkennen, welche Atmosphäre Sie zuhause für Ihr Kind schaffen. Achten Sie dabei zunächst einmal auf folgende Aspekte: Welche Möglichkeiten der Mitbestimmung hat ihr Kind? Wo kann es „mitreden", wo bestimmen Sie? Welche Aushandlungsprozesse finden zwischen Ihnen und Ihrem Kind statt?

2. Befragen Sie Ihr Kind einmal zur Atmosphäre seiner Schulklasse, z.B. welche Konflikte gibt es, spielt Mobbing bei euch eine Rolle?

3. Beobachten Sie den Freundeskreis, z.B. wenn einmal alle bei Ihnen zu Hause eingeladen sind. Wie ist der Umgang miteinander. Was gilt hier als wichtig, was als „cool" und angesagt, was nicht?

4. Welche Serien schaut ihr Kind im Fernsehen? Schauen Sie sich einmal eine solche Serie an (nicht mit ihrem Kind ;-)). Fragen Sie Ihr Kind, welche Personen es interessant findet und warum. Natürlich alles unauffällig, nicht als Verhör...

*Auch hier gilt: Vorsicht vor zu schnellen Antworten! In Ruhe beobachten! Die aufmerksame Beobachtung ist wichtiger als die schnelle Antwort!*

## 10. Geheimnis: Was Kinder wirklich suchen – Was Kinder wirklich brauchen

Wir sind beim letzten großen Geheimnis angekommen. Dieses Geheimnis hätte auch überschrieben werden können mit der Frage: Was treibt Kinder in Ihrem Verhalten an? Was motiviert sie sich so oder so zu verhalten? Dies allerdings war ja im Grunde die Frage bei allen bisher behandelten Geheimnissen, d.h. den Gründen für bestimmtes beobachtetes Verhalten auf die Spur zu kommen. Insofern beleuchtet jedes Geheimnis unterschiedliche Aspekte und Ursachen von Verhalten.

Die hier im zehnten Geheimnis gewählte Überschrift lautet „Was Kinder wirklich suchen – Was Kinder wirklich brauchen". Das Wort „wirklich" deutet an, dass ich davon ausgehe, dass es etwas gibt, das sozusagen im Hintergrund beständig Wirkung hat, das also sozusagen unabhängig von einzelnen Situationen und ihren wirkenden Kräften, die ja bisher eher im Vordergrund der Betrachtungen standen, besteht. Ich bin davon überzeugt, dass es so etwas gibt und berufe mich dabei vor allem auf zwei Theorien. Zum einen, die so genannte „Selbstbestimmungstheorie" von Edward L. Deci und Richard M. Ryan (1993) und zum anderen die Resonanztheorie von Hartmut Rosa (2016). Beide Theorien beschäftigen sich nicht vorwiegend bzw. gar ausschließlich mit Kindern, sondern ganz generell mit Menschen, aber sie haben meines Erachtens eine besonders große Bedeutung im Umgang mit Kindern. Hier legen wir den Grundstein und stellen Weichen, daher werden beide Theorien auch nochmals eine entscheidende Rolle spielen, wenn wir uns an anderer Stelle mit konkretem Erziehungshandeln beschäftigen. An dieser Stelle jedoch soll nochmals das Verständnis kindlichen Verhaltens im Vordergrund stehen und daher lautet die Frage abermals: Was treibt Kinder in ihrem Verhalten an?

Das ist auch die zentrale Ausgangsfrage der Selbstbestimmungstheorie von Deci und Ryan (1993). Die international höchst renommierten

Psychologen Edward Deci und Richard Ryan gehen hierbei davon aus, dass Menschen in der Regel[34] mit ihrem Verhalten bzw. Handeln stets „... einen bestimmten Zweck verfolgen“ (Deci/Ryan 1993, S.224). Dieser Zweck „... zielt auf einen zukünftigen Zustand, gleichgültig ob er wenige Sekunden oder mehrere Jahre entfernt liegt“ (ebd.). Auch diese „zukünftigen Zustände“ beschreiben Deci und Ryan an anderer Stelle näher (vgl. Deci/Ryan 1993, S.229ff.): Es sind insbesondere drei angeborene Bedürfnisse, die der Mensch durch sein Verhalten befriedigen möchte (vgl. ebd.):

*(1) Der Mensch hat das Bedürfnis sich als kompetent und wirksam zu erleben (White 1959).*
*(2) Der Mensch hat das Bedürfnis sich als selbstbestimmt handelnd zu erleben (DeCharms 1969).*
*(3) Der Mensch hat das Bedürfnis sich als sozial zugehörig zu erleben (Harlow 1958).*

Gerade dieser dritte Aspekt (3) der Selbstbestimmungstheorie von Deci und Ryan klang im vorangegangenen Geheimnis bereits an. Ich sprach davon, dass mit zunehmendem Alter die peer-groups immer wichtiger für Ihr Kind werden. Ich sprach auch von der Bedeutung der Anerkennung in und durch diese Freundschafts- und Bezugsgruppen. In beiden diesen Punkten kommt das Bedürfnis nach Zugehörigkeit zum Ausdruck. Der Wunsch nach sozialer Zugehörigkeit ist tatsächlich eines aus der Sicht der Selbstbestimmungstheorie ganz grundlegenden Bedürfnisses (vgl. Deci/Ryan 1993, S.229ff.). Man könnte dies auch umgekehrt betrachten und die Vermeidung des Gefühls des Alleinseins bzw. ausgeschlossen Werdens als Antrieb für Verhalten betrachten. Gerade deshalb wirkt Mobbing so zerstörerisch,

34 Es gibt für Deci und Ryan auch Affekthandeln, wie beispielsweise einen Wutanfall (vgl. ebd.). Dies wiederum wäre kein kontrolliertes Verhalten, das einen bestimmten vorher gewünschten Effekt erzielt, sondern unkontrollierte „Entladung“ von zu groß gewordener Spannung (vgl. Lewin 1926, S.34).

weil es eines unserer angeborenen Grundbedürfnisse massiv verletzt bzw. bedroht. D.h. als Ursache für kindliches Verhalten müssen wir immer einen Blick auf dieses menschliche Grundbedürfnis behalten. Unser Kind tut möglicherweise bestimmte Dinge, um die Anerkennung der peer-group, der Freunde, der Bezugsgruppe nicht zu verlieren. Es ist kein böser Wille, auch wenn es nach außen als äußerst destruktives Verhalten erscheinen mag, aber die Bedrohung durch den Verlust von Zugehörigkeit ist eine mächtige Kraftquelle im kindlichen Lebensraum. Darauf beruht meines Erachtens auch das ganze Geheimnis von sogenannten Mutproben oder Aufnahmeritualen in Gruppen.

Das scheint auf den ersten Blick dem ersten und zweiten Grundbedürfnis des Menschen nach Deci und Ryan zu widersprechen, wenn sie sagen, dass der Mensch sich als selbstbestimmt und kompetent bzw. wirksam handelnd erleben möchte (vgl. Deci/Ryan 1993, S.229ff.). Damit meinen Deci und Ryan, dass der Mensch von Geburt an das Bedürfnis hat, Kontrolle über die Dinge (nicht die Menschen!) zu gewinnen, d.h. zu verstehen, wie die Welt funktioniert um darin wirksam agieren zu können. Etwas beherrschen, etwas können, das treibt den Menschen wirklich an. Sie können das bei kleinen Kindern (aber natürlich auch noch bei älteren Kindern) wunderbar beobachten. Schauen Sie einmal mit wie viel Ausdauer und Energie sie sich mit Dingen beschäftigen, wenn man sie lässt. Immer wieder versuchen sie Kontrolle über eine Situation zu gewinnen. Auch das Laufenlernen kann als von diesem Wunsch motiviert betrachtet werden. Wie oft zieht sich das Kind an etwas hoch, wie oft fällt es hin, und immer wieder begibt es sich in diese Situation. Bei meinen eigenen Töchtern, die 12 und 14 Jahre alt sind, ist es seit einiger Zeit das Turnen auf dem Trampolin und einer aufblasbaren Bodenmatte. Handstand, Salto vorwärts, Salto rückwärts, Flick Flack… immer wieder aufs Neue, ob bei Regen oder brütender Hitze und auch ein gelegentlicher Krankenhausbesuch hält sie nicht davon ab, diese Figuren zu beherrschen, darin kompetent zu werden. Dieses Gefühl in einer Sache kompetent zu werden, darum geht es hierbei tatsächlich. Was dies letztlich ist, ist nicht so entscheidend. Wir sollten das als Erziehende als einen Grundantrieb unserer Kinder wertschätzen, auch wenn andere „musts“ wie Hausaufgaben oder Schularbeiten objektiv gesehen zu kurz kommen.

Das bringt mich zur zweiten Theorie, die ich in diesem Zusammenhang für äußerst relevant und hilfreich halte, um kindliches Verhalten zu verstehen und aus diesem Verständnis heraus zu begleiten. Es handelt sich dabei um die so genannte Resonanztheorie von Hartmut Rosa (2016). Hartmut Rosa untersucht als Soziologe gesellschaftliche Entwicklungen unserer Zeit. Seine Ausgangsthese ist die, dass wir in einer hoch dynamischen, beschleunigten Zeit leben (vgl. Rosa 2005). Dieser heute vorherrschende Zeitgeist verändert unser allgemeines Lebensgefühl und damit auch unser Verhalten, so Rosa kurz zusammengefasst (vgl. Rosa 2005). Man könnte Rosas Theorie bis hierhin auf die folgende Leitthese bringen: Wir erledigen immer mehr Dinge in immer kürzerer Zeit und haben dennoch das Gefühl, nie genug Zeit zu haben (vgl. ebd.). Dieses Gefühl schlägt voll auf unsere Beziehungen zur Welt durch (vgl. Rosa 2016): Wir lassen uns gerade wegen des Gefühls der Zeitknappheit nicht mehr richtig auf die Welt ein, weder auf die Objekte, die uns hier begegnen, noch auf die Menschen. In Gedanken sind wir nicht im Hier und Jetzt, sondern immer auf dem Sprung, der nächste Termin, die nächste Aufgabe wartet schon. Das betrifft insbesondere uns Erwachsene aber wir übertragen diesen Zeitgeist auch auf unsere Kinder. Insbesondere die Schule sieht Hartmut Rosa hier am Werk (vgl. Rosa 2016, S.402ff.).

Das Ideal, das Rosa vorschwebt, ist eine Beziehung zur Welt, in der der Mensch mit den Dingen, Phänomenen und Menschen, auf die er trifft, in Resonanz geht (vgl. Rosa 2016). D.h. der Mensch geht „in Schwingung“ zu den Objekten und Menschen. Dies jedoch erfordert Zeit und Raum (vgl. ebd.). Er lernt aber nur dadurch, sich zu „positionieren“ (Rosa 2016, S.404ff.), was auch bedeuten kann, dass man auf Objekte und Menschen trifft, die einem nichts sagen, d.h. hier kommt nichts „in Schwingung“ (vgl. ebd.). Mit dem „In Schwingung“ Gehen verweist Hartmut Rosa auf einen Aspekt, den auch Wilhelm von Humboldt schon im Blick hatte (vgl. Humboldt 1960, S.235ff.): Durch die aktive Auseinandersetzung mit der Welt werde ich ein anderer und dadurch dass ich ein anderer geworden bin, wirke ich auch auf die Welt wieder zurück und verändere sie. Diese veränderte Welt wirkt wieder auf mich zurück und so entsteht ein zirkulärer Prozess des Veränderns, der Entwicklung. Hartmut Rosa verwendet hierfür den etwas eigenartig klingenden Begriff der „Anverwandlung“ (Rosa 2016a, S.16). Er beschreibt diesen Begriff wie folgt:

> *„Anverwandlung bedeutet, sich eine Sache so zu eigen machen, dass sie mir nicht nur gehört, sondern dass sie mich existenziell berührt oder tendenziell sogar verändert. Es genügt nicht, die Dinge zu erwerben, sie zu beherrschen, mit ihnen umzugehen. Erst wenn ich sie zum Sprechen bringe, kann ich sie mir anverwandeln.“*
>
> (Rosa 2016a, S.16/17)

Genau das jedoch ist das, was Kinder in ihrem Verhalten antreibt, was sie suchen und was sie heute gerade auch in der Schule nur selten finden. Die Schule verfolgt ein anderes Ziel, ihr genügt es, wenn Kinder heute in einer Sache kompetent werden. Das sieht man an den ganzen bildungspolitischen Diskussionen um Kompetenzraster und Kompetenzstufen. Das sieht man aber auch aktuell wunderbar an den Diskussionen um die Schwedin Greta Thunberg mit ihren „Fridays For Future“ Demonstrationen. Da ist endlich eine Jugend, die sich von der Welt berühren bzw. „anverwandeln“ lässt, und aus den Fakten und dem Wissen, dass unsere Welt bedroht ist, aktiv handelnd in das Weltgeschehen eingreift, und viele unserer Politiker und Bildungsverantwortlichen haben nichts Besseres zu tun, als auf die Schulpflicht zu verweisen. Die Botschaft ist klar: Es reicht, wenn ihr in der Schule Kompetenzen erwerbt, d.h. wenn ihr ein Gedicht in drei Sprachen übersetzen und interpretieren könnt, aber ihr müsst darüber hinaus nicht in eurer Freizeit Gedichte lesen. Das reicht Kindern und Jugendlichen nicht. Sie wollen der Welt wirklich begegnen. Sie wollen entdecken, was Sie bewegt und was nicht. Das treibt sie in Ihrem Verhalten an. Nicht selten trägt die Schule ja überdies zu noch viel problematischeren Weltbeziehungen bei, da lernen Schüler dann Mathe oder Deutsch zu „hassen" oder gleichgültig mit den Schultern zu zucken, im Sinne eines: Mit Mathe konnte ich noch nie etwas anfangen. Rosa beschreibt das dann als Gleichgültigkeits- oder gar Abstoßungsbeziehung (vgl. Rosa 2016a, S.125 und S.37).

Wenn wir nun zurück zum kindlichen Verhalten kommen, so wird in diesem Geheimnis deutlich, was Kinder offensichtlich wirklich antreibt, womit man sie bewegen kann. Rosa ist, wie wir gesehen haben, noch sehr viel akribischer als Deci und Ryan (1993) in der Frage der Kompetenz. Wenn wir ihm folgen, und vieles spricht dafür, dass wir das sollten, dann geht es Kindern in ihrem Verhalten nicht nur darum, in einer Sache kompetent zu werden, sie also zu beherrschen, sondern sie wollen in eine Wechselbeziehung gehen. Die Welt soll ihnen auch antworten, nicht nur gehorchen (vgl. Rosa 2016a, S.16ff.). Aber insgesamt wurde bei beiden Theorien deutlich, wie zentral die Eigenaktivität der Kinder und Jugendlichen für ihr Verhalten ist. Das Mitentscheiden, das Mitbestimmen, das zugehörig Fühlen und das Tätigwerden sind die zentralen Antriebe und Bedürfnisse von Kindern und Jugendlichen. Nur vor diesem Hintergrund lässt sich kindliches und jugendliches Verhalten wirklich verstehen.

**Aus dem 10. Geheimnis ergeben sich im Besonderen folgende Leitsätze für die Erziehung:**

- ✓ Das Verhalten des Kindes wird geleitet von drei zentralen menschlichen Bedürfnissen: sich als wirksam und kompetent zu erleben, sich als selbstbestimmt handelnd zu erfahren und dabei soziale Zugehörigkeit zu spüren.
- ✓ Kinder und Jugendliche wollen der Welt wirklich begegnen, sie wollen sich von ihr berühren lassen, das erfordert Zeit und Raum. Beim kleinen Kind ist es vielleicht der Matsch und die Pfütze, beim älteren Kind das spielerische Raufen mit anderen Kindern, bei Jugendlichen die innige Freundschaft oder erste Liebe. Das sind nur Beispiele, worum es jedoch eigentlich beim Verhalten geht: Mit der Welt in direkte Beziehung zu treten.

An dieser Stelle habe ich gleich mehrere Beobachtungsaufgaben für Sie, die Ihnen dabei helfen sollen, die wahren Antriebe ihres Kindes besser kennenzulernen und in einem nächsten Schritt dann auch zu berücksichtigen. Die Aufträge an Sie lauten wie folgt:

1. In welchen Bereichen (Sport, Fächer, Hobbies, neue Medien etc.) erlebt sich ihr Kind als kompetent. Was macht ihr Kind besonders gerne und worin ist ihr Kind hier besonders gut? Wo meinen Sie, erlebt ihr Kind echte Resonanz (d.h. es wird bewegt und verändert)?

2. In welchem Bereich kann ihr Kind selbstbestimmt handeln? D.h. niemand gibt ihm vor, was wie zu tun ist, sondern es entscheidet selbst.

3. Welche Menschen, bzw. Gruppen fühlt sich ihr Kind nahe? Welche Menschen und Gruppen sind ihm wichtig?

*Auch hier gilt: Vorsicht vor zu schnellen Antworten! In Ruhe beobachten! Die aufmerksame Beobachtung ist wichtiger als die schnelle Antwort!*

## IV. Schluss und Ausblick

Unsere Ausgangsfragen, für die hier besprochenen Geheimnisse guter Erziehung, lauteten: Was tut das Kind warum? Bzw. was tut das Kind nicht und warum nicht? Das vorgegebene Ziel war nichts Geringeres als, kindliches Verhalten besser zu verstehen. Dieses Verständnis zu entwickeln und zu schärfen ist die alles entscheidende Grundlage für jegliche erzieherische Maßnahme. Es ist allein dieses Verständnis, das uns in der Erziehung wirklich handlungsfähig macht.

Kindliches Verhalten aber auch unser eigenes Verhalten zu verstehen, ist eine große Herausforderung. Allzu oft gehen wir im Alltag vorschnell von vermeintlich klaren Annahmen aus, lassen uns von unseren Gefühlen allzu schnell in eine Richtung ziehen oder wollen einfach möglichst schnell an das wie auch immer von uns als richtig und wichtig erkannte Ziel kommen. Kinder und Jugendliche zeigen uns in aller Regel genau dann unsere Grenzen auf. Erziehung funktioniert nicht als Einbahnstraße, als Monolog. Erziehung ist ein dialogisches und interaktives Geschehen und es braucht das Miteinander weit mehr als das Gegeneinander. Konflikte sind allgegenwärtig und werden alltäglich neu erzeugt, wenn dies nicht beachtet wird. Viele dieser Konflikte entstehen aus einem Unverständnis dem Anderen gegenüber. Wir beobachten nicht genau genug, wir schauen oder hören nicht genau genug hin, wir reflektieren unseren eigenen Beitrag zum Konflikt zu wenig, wir versetzen uns zu wenig in den Anderen hinein und vollziehen die Gründe warum er sich so oder so verhält zu wenig nach.

Die hier ausgeführten zehn Geheimnisse zielten letztlich alle genau in diese wunden Punkte. Es ging im Grunde in jedem der Geheimnisse darum, das Gegenüber in seinem Verhalten, in seinem So-Reagieren und So-Sein besser zu verstehen. Das heißt jedoch im Umkehrschluss noch lange nicht, alles was der andere tut zu akzeptieren und für gut

zu heißen. Es geht zunächst einmal nur darum, sich in die Situation und Perspektive des Anderen hineinzuversetzen und zunächst nicht wertend zu verstehen, was ihn antreibt. Dies ist die Voraussetzung für jede Veränderung. Es ist die große Kunst, die uns in der Erziehung aber auch in vielen anderen Lebenssituationen einen klaren Blick verschafft. Wir wollten so gesehen hier „nur“ den Geheimnissen kindlichen Verhaltens auf die Spur kommen, aber das alles ist natürlich genauso auf Sie selbst und das Verhalten von Erwachsenen, von Arbeitskollegen, von Ehepartnern, von Freunden, Fremden und Nachbarn übertragbar.
Die hier behandelten Geheimnisse lauteten im Einzelnen:

1. Verhalten ist immer situativ
2. Hinter jedem Verhalten steht ein Antrieb
3. Betrachten Sie eine Situation als Wechselspiel von Kräften
4. Der Lebensraum ist ein individuell psychologisch erlebter Lebensraum
5. Wirklich ist was Wirkung hat (I)
6. Wirklich ist was Wirkung hat (II)
7. Lernen bedeutet Ausdehnung und Ausdifferenzierung des kindlichen Lebensraumes
8. Hinter jeder Momentansituation steht eine Gesamtsituation
9. Vom kindlichen Feld geht erzieherische Wirkung aus
10. Was Kinder wirklich suchen – Was Kinder wirklich brauchen

Deutlich wird bei dieser Zusammenschau der Geheimnisse auch, dass wir sozusagen vom Nahen, der konkreten Situation, zum Fernen, der Gesamtsituation und dem kindlichen Lebensraum, gegangen sind. Dies erscheint zunächst paradox, weil es doch – wie im Text immer wieder betont wird - beim Verständnis von Verhalten darum geht, im Hier und Jetzt, also dem Nahen, zu bleiben. Welche Rolle spielt dann das „Ferne“, also etwa die Zukunft eines Kindes bzw. die allgemeine Gesamtsituation?

Hier gilt es bei einer sauberen „Buchhaltung“ zu bleiben: Es gilt stets zu beachten, dass in dieses Hier und Jetzt, also das Nahe einer Situation, zunehmend weiter entfernt liegende und erscheinende Dinge hineinwirken können. Verhalten wird aufgrund der Ausdehnung in verschiedenen Aspekten (Zeit, Raum, Entwicklung des abstrakten Denkens) immer komplexer, weil immer mehr auch das „Ferne“ in das „Nahe“ bzw. das Hier und Jetzt hineinwirkt.[35] Dies zu verstehen und zu beachten erfordert von uns ein noch genaueres Hinschauen, Hinhören und Beobachten und einen Dialog mit dem Kind bzw. Jugendlichen bzw. dem Anderen ganz generell. Gleichzeitig gilt es hierbei natürlich auch – und das gilt insbesondere für den Dialog - dem Anderen seine Privatsphäre zuzugestehen, d.h. ihm zuzugestehen, dass er möglicherweise in diesem Moment nicht über sein Inneres sprechen möchte, dass er also keinen Einblick in sein „Seelenleben“ gewähren möchte. Gerade für Jugendliche gilt dies. Es ist eine schmale Gratwanderung und nicht selten werden wir dabei auch vor den Kopf gestoßen oder barsch zurückgewiesen. Auch das gilt es zu respektieren und auf einen anderen Moment zu warten, indem ein Gespräch möglich wird.

Jedes der hier behandelten Geheimnisse steht für sich genommen eigenständig, wenn es natürlich auch wie gesehen, enge Verbindungen zwischen den Geheimnissen gibt. Dennoch könnten Sie auf jedes der Geheimnisse nochmals gesondert zurückkommen. Manche der Geheimnisse werden Ihnen vermutlich „eingängiger“ als andere gewesen sein, einfach weil sie vermutlich hier etwas wiedererkennen, dass ihnen bereits aus eigener Erfahrung und Beobachtung vorher aufgefallen war oder als Erkenntnis vielleicht auch unbewusst bereits

35 Das erklärt möglicherweise auch, warum gerade der Umgang in der Pubertät, von Vielen als (besonders) herausfordernd erlebt wird.

bestanden hatte. Gerade die Geheimnisse allerdings, mit denen Sie sich vielleicht beim Lesen schwergetan haben, verfügen vermutlich über das Potential, Ihr Denken nochmals auf eine ganz neue Stufe zu stellen, weil sie Sie auf etwas hinweisen, das Ihnen bisher nicht bewusst oder bekannt war. Hier also lohnt das nochmalige Durcharbeiten besonders.

Das meiste, was wir hier als „Geheimnisse" beschrieben haben, ist deshalb ein „Geheimnis", weil es einhergeht, mit einer tiefgreifenden Veränderung des Denkens und in der Folge auch unserer Haltungen. Lewin beschrieb diese tiefgreifende Veränderung des Denkens als Übergang von der aristotelischen Denkweise hin zur galileischen Denkweise (vgl. hierzu ausführlich Lewin 1931a; Bogner 2017, S.42-45).[36] Es ist hier leider nicht der Ort, auf diese unterschiedlichen Denkweisen ausführlich einzugehen. Ich habe das an andere Stelle aber sehr umfassend getan, so dass Sie, wenn Sie das tiefergehend interessiert, hier fündig werden (vgl. hierzu Bogner 2017, S.42ff.). Zumindest aber ein paar wenige Aspekte möchte ich auch hier anreißen, so dass Sie zumindest ein grobes Bild davon bekommen, in welche Richtung Lewin hier absolut überzeugend argumentiert. Vorab sei noch darauf hingewiesen, dass die aristotelische Denkweise noch heute, d.h. auch 80 Jahre nach Lewins Überlegungen, weite Teile unseres Denkens und unserer Wissenschaften beherrscht, insbesondere die Erziehungswissenschaft bzw. Pädagogik und die Bildungswissenschaften (vgl. Bogner 2017). Sie geht von einigen unhinterfragten Gesetzmäßigkeiten aus (vgl. hierzu ausführlich Bogner 2017, S.64ff.), die sich gerade in der Erziehungspraxis meines Erachtens nach sehr destruktiv auswirken können.

36 Aristotelisch deshalb, wie der griechische Gelehrte Aristoteles als Begründer der Wissenschaft gilt. Er hat den maßgeblichen Grundstein für viele Wissenschaften gelegt, indem er Systematiken einführte. Galileisch wiederum bezieht sich auf Galileo Galilei, der insbesondere als Begründer der modernen Physik gilt und hier viele Gesetzmäßigkeiten wie z.B. die Fallgesetze entdeckt hat (vgl. z.B. Timerding 1921).

Die aristotelische Denkweise ist beispielsweise geprägt von „wertartigen Begriffen" und damit verbunden einem bestimmten „Gesetzesbegriff" (vgl. Lewin 1931a, S.235-240): So unterscheidet Aristoteles beispielsweise zwischen vollkommenen und unvollkommenen Bewegungen, von „guten und sozusagen berechtigten Kräfte[n] des Körpers, die aus seiner Tendenz zur Vollendung kommen" (Lewin 1931a, S.236) und diesen entgegenwirkenden Kräften, die als „Störungen" (ebd.) den Körper an der Vollendung der vollkommenen Bewegungen hindern (vgl. ebd.). D.h. die Welt wird in einer Art „Zweischnitt" (Lewin1931a, S.236) aufgeteilt. Es gibt ihrem inneren Wesen nach schwere und leichte Gegenstände, vollkommene (die Kreisbewegung) und unvollkommene Bewegungen (die Bewegung auf der Geraden), berechtigte und störende Kräfte (vgl. Lewin 1931a, S.235-240). Aus dem Wesen eines Gegenstandes entspringt dann sein gesetzmäßiges Verhalten (vgl. ebd.). Wir finden das in der Pädagogik beständig: Ein Kind wird als ADHS-Kind, als verhaltensauffällig, als hochbegabt, als pubertär klassifiziert, und aus diesem diagnostizierten Wesen entspringt dann das entsprechende Verhalten. Wir sind gerade in der Pädagogik beständig dabei, Kinder so zu klassifizieren. Neuerdings spielen hierbei gerade die Kompetenzstufen beispielsweise in der Schule eine ganz entscheidende Rolle. Aus dieser Zuordnung erklärt sich dann sein Verhalten und vielleicht auch unser Verhalten dem Kind gegenüber. Wir übersehen dabei allerdings, dass sich das Kind nur unter ganz bestimmten Bedingungen seinem vermeintlichen Wesen gemäß verhält. Das ADHS-diagnostizierte Kind verhält sich nur in bestimmten Umgebungen, bei bestimmten Personen und in bestimmten Lebensräumen (z.B. der Schule) entsprechend seiner vermeintlichen Diagnose. Warum aber verhält es sich unter anderen Umständen, bei anderen Personen möglicherweise überhaupt nicht auffällig, das ist die Frage, die sich mit dieser aristotelischen Denkweise nicht klären lässt, wenn doch das Verhalten vermeintlich nur aus dem Wesen des Kindes entspringt. Aber genau diese Frage würde uns und vor allem das Kind weiterführen.

Galileo Galilei hatte einen anderen Denkansatz (vgl Lewin 1939a, S.241ff.)[37]: Ihm ging es nicht mehr um diese Klassifikationen und Zuordnungen als vielmehr um Gesetzmäßigkeiten, die auch für den einzelnen Fall Gültigkeit haben. So wäre hier beispielsweise, wenn wir das ADHS-Beispiel nochmals aufgreifen würden, nicht diese Klassifikation des ADHS entscheidend, sondern zu verstehen, welche Kräfte jeweils in einer bestimmten Situation auf das Kind wirken, so dass es sich in manchen Situationen so verhält und in anderen Situationen anders. Es ist nach Galileo Galilei ein und dasselbe Gesetz (Fallgesetz), dass den Lauf der Gestirne, das Fallen eines Steines auf der Erde, den Flug des Vogels oder aber das Rollen einer Kugel auf einer schiefen Ebene bewirkt (vgl. Lewin 1939a, S.242). Für dieses Gesetz bzw. diese Gesetzmäßigkeiten interessierte sich Galilei und ebenso Lewin und ich in diesem Buch. Lewin gebührt der Verdienst, diese galileische Denkweise auf die Wissenschaften vom Menschen übertragen zu haben. Die hier vorgestellten Geheimnisse stehen allesamt konsequent in dieser galileischen Denktradition und wenn man diese befolgt, dann gelangt man nicht nur zu einem neuen Verständnis kindlichen Verhaltens, sondern darauf aufbauend zu einem völlig neuen Erziehungsverständnis.

Wir sind am vorläufigen Schlusspunkt unserer gemeinsamen Reise durch die Welt des kindlichen und jugendlichen Verhaltens angelangt. Wir steigen gewissermaßen wieder von unserem Aussichtsturm herunter. „Vorläufig" ist diese Reise deshalb beendet, weil wir unseren Schwerpunkt in diesem Buch „nur" auf das gründliche Verständnis kindlichen und jugendlichen Verhaltens gelegt hatten und gewissermaßen damit „nur" den Grundstein für gute Erziehung gelegt haben. Wir haben bildlich gesprochen am ersten Rad von Erziehung „gedreht" (vgl. Abb. 35).

37 Der große Entwicklungssprung in der Physik, die für Lewin die am weitesten entwickelte Wissenschaft darstellt, beruht eben darauf, dass diese Wissenschaft am konsequentesten die Veränderung der Denkweise vollzogen hat.

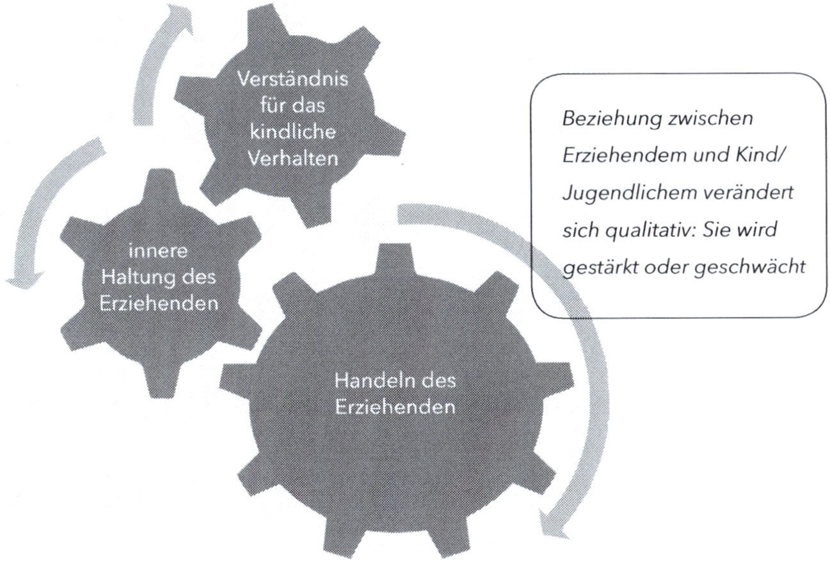


*Abb. 29*

Gleichsam, so haben Sie sicherlich bereits bemerkt, geht davon bereits eine ungeheuer große Wirkung in der Erziehung aus. Dieses unbedingte - im Sinne von bedingungslosem - Verstehen-Wollen von kindlichem und jugendlichem Verhalten wirkt sich ganz direkt auf Ihre Beziehung zum Kind und Jugendlichen aus. Das Kind bzw. der Jugendliche spürt das. Es erkennt das Bemühen und die Ernsthaftigkeit auf Ihrer Seite und es wird darauf reagieren. Viele Probleme und Konflikte werden Ihnen vermutlich mit dem hier thematisierten Wissen weit weniger bedrohlich erscheinen. Manche Konflikte werden sich vermutlich durch diese Veränderung in Ihnen sogar von alleine auflösen.

Tiefgreifende Veränderungen brauchen Zeit. Sie müssen „verdaut" werden, damit sie „zum eigenen" werden können. Von dort wirken sie dann, und zwar weniger „verkopft" und gewollt, als vielmehr ganz geschmeidig und nicht selten ganz intuitiv. Wir befinden uns auf einer Findungsreise und keinem Kurztrip. Mir ist klar, dass auch dies eher nicht dem Zeitgeist der Beschleunigung und Effizienz entspricht. Möglichst viel in möglichst kurzer Zeit mag in manchen

Bereichen funktionieren, im Zwischenmenschlichen allerdings ist ein solches Vorhaben zum Scheitern verurteilt. Sie sind auf dem Weg, das ist entscheidend. Ihre Sichtweisen sind in Bewegung geraten. Sie werden nach und nach stärker spüren, dass sich etwas verändert hat. Die Fensterläden sind geöffnet, Licht dringt herein, wenn auch vielleicht manche Scheiben noch keinen ganz klaren Blick nach außen zulassen. Bleiben Sie mit Geduld dabei, arbeiten Sie mit den Merkkästen und den Beobachtungsaufgaben weiter.

Manche Leserin bzw. mancher Leser wird sich möglicherweise während des Lesens auch gefragt haben, ob uns solch „historische" Autoren wie Kurt Lewin, Wilhelm von Humboldt, Jean-Jaques Rousseau, Johann Gottfried Herder oder Immanuel Kant wirklich einen Weg für eine zeitgemäße und gute Erziehung im 21. Jahrhundert aufzeigen können. Es gibt doch mittlerweile so viel aktuelle empirische Forschung zur Erziehung und zur Bildung, warum also muss man auf „historische" Denker zurückgreifen? Gibt es wirklich nichts „Neues unter der (pädagogischen) Sonne"? Meine Antwort darauf lautet: Die hier verwendeten Denker mögen von ihren Lebensdaten her „historisch" sein, aber Ihr Denken ist es mit Nichten. Im Gegenteil: Mir scheint es fast so, als ob diese Denker vielleicht aufgrund der Tatsache, dass sie noch nicht in solch beschleunigten und auf Effizienz getrimmten Zeiten gelebt haben, die Grundstrukturen und Muster zwischenmenschlichen Zusammenlebens viel deutlicher erkannt haben. Viele Sozialforscher heute, so scheint es mir, sehen vor lauter Datensätzen die Zusammenhänge nicht mehr. Wir leben in hochspezialisierten Zeiten und Forscher heute spezialisieren sich auf wenige und sehr enge Fragestellungen nicht mehr auf Zusammenhänge. Das zeigt sich in der Forschung überdeutlich. Was ich in vielen empirischen Forschungen heute vermisse, ist das Denken in komplexen Zusammenhängen. Man greift sich einen Aspekt menschlichen Verhaltens heraus und untersucht diesen mit allen möglichen Instrumenten. Mögliche „Störmomente" werden von vorn herein identifiziert und eliminiert. Das Leben jedoch und die je individuellen Situation bestehen gerade aus solchen „Störmomenten". Wir leben nicht in einem klinischen Labor. Man vergisst in dieser Art Forschung, dass wenn sich ein Kontext verändert, sich auch andere Aspekte verändern. Die Komplexität der Zusammenhänge wird einfach ignoriert, weil sie forschungsmethodisch nicht in den Griff zu bekommen sind. Das so gewonnene Wissen hilft im konkreten Fall in der Praxis dann eben auch nur sehr bedingt. Gerade das gilt für die Erziehung in ganz besonderer Weise.

Hinzu kommt, dass sich viele Forscher heute gar nicht für das konkrete einzelne Kind und sein Verhalten interessieren, sondern für ein „Durchschnittskind" (Lewin 1931a, S.267). Lewin beschrieb das schon für das Jahr 1931. Gerade in der aktuellen empirischen Bildungs- und Sozialforschung jedoch scheint sich daran nicht viel geändert zu haben. Je größer die „Stichproben" bzw. „Untersuchungskohorten" sind und damit meint man tatsächliche, also real existierende Kinder, die an einer Studie teilnehmen, umso größer ist die Chance auf Anerkennung in der Community der Wissenschaftler. Ein schönes Beispiel ist die sogenannte Hattie-Studie „Visible Learning" (2009), die in der deutschen Öffentlichkeit um das Jahr 2009 herum ein großes Medienecho erzeugt hatte. John Hattie hatte über viele Jahre ca. 83 Millionen Schülerdatensätze unter der Fragestellung, was sich wie stark auf Schülerleistungen in der Schule auswirkt, analysiert (vgl. Hattie 2009). Wenn man jedoch weiß, wie empirische Forschung in solchen Fällen häufig arbeitet, dass z.B. „Ausreißer", die ein Ergebnis „trüben" könnten, einfach aus einer Stichprobe herausgenommen werden, dann sieht man daran auch, dass kein Interesse daran besteht, den tatsächlichen Einzelfall zu verstehen, sondern Untersuchungsgegenstand ist das „Durchschnittskind" (Lewin 1931a, S.267) und Situationen, die möglichst von allen Störmomenten, quasi laborhaft, befreit wurden. Auf diese Weise, das ist meine feste Überzeugung, entschlüsselt man nicht die Geheimnisse guter Erziehung, weil es gerade hier beispielsweise permanent Störmomente und besondere Situationen gibt.

Kurt Lewin erkannte das schon in den 30er Jahren und beschrieb die Problematik wunderbar, indem er darauf verwies, „(...) daß es `Durchschnittssituationen` schlechterdings nicht gibt, so wenig wie es ein Durchschnittskind gibt“ (Lewin 1931a, S.268; Hervorhebung Kurt Lewin). Wir haben es in der Erziehung immer mit Einzelfällen und Einzelsituationen zu tun, genau dies wird viel zu wenig berücksichtigt. Das ist das ganze Geheimnis der Erziehung. Lassen Sie sich auf den besonderen Einzelfall ein.

Es bleibt abschließend noch ein Geheimnis zu lüften, das Sie möglichweise als solches geistig gar nicht mehr präsent haben. Geheimnisse sind der zentrale Inhalt dieses Buches. Das war auch der Grund, warum ich mich für ein, aus meiner Sicht, etwas geheimnisvolles Coverbild entschieden haben. Dieses Coverbild spielte bis zu dieser Stelle keine Rolle, obwohl es ungemein viel mit den Inhalten dieses Buches zu tun hat. Es handelt sich um ein sogenanntes „Wasserklangbild“ des aus Überlingen am Bodensee stammenden Fotografen Alexander Lauterwasser.

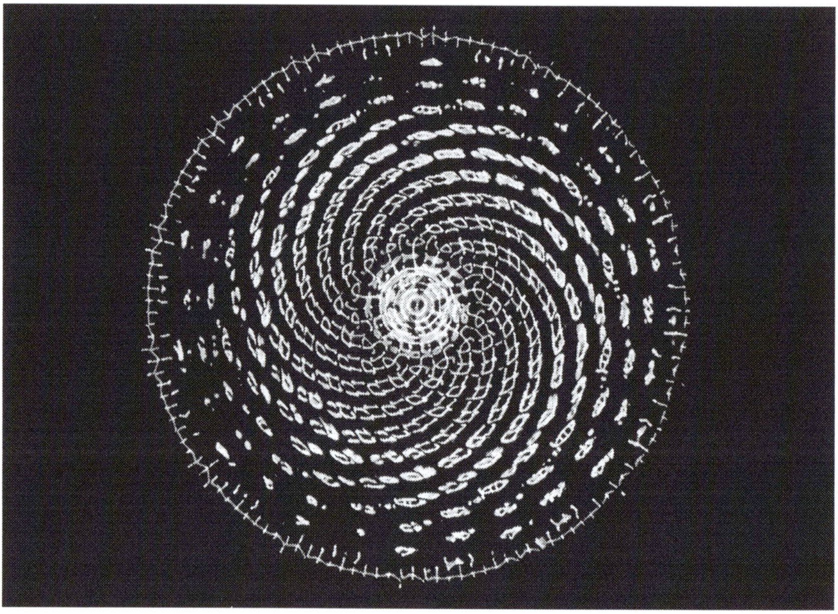

*Copyright: Alexander Lauterwasser   Tonhöhe 102,528 Hz*

*Das Original ist in Farbe*

Für mich schließt sich hier, fast schon auf mystische Weise, ein Kreis. Ich war sechs Jahre Lehrer in Überlingen am Bodensee und bin dort erstmals mit diesen Klangbildern in Kontakt gekommen. Alexander Lauterwasser hat in der Münstergasse in Überlingen nach wie vor ein Fotostudio und stellt auch diese Klangbilder dort im Schaufenster aus. Ich wusste damals nichts von der Lewin'schen Feldtheorie, gleichsam faszinierten mich diese Bilder von Alexander Lauterwasser vom ersten Moment an. Ich verlor mich geradezu in diesen Bildern. Ich glaube heute, diese Bilder haben etwas in mir angesprochen, das noch unbewusst schlummerte, das jedoch, auch durch diese Bilder inspiriert, geweckt wurde. Das Denken in Zusammenhängen, die nicht chaotisch sind, sondern die auf komplexe Weise spezifische, individuelle aber auch logische Strukturen und Muster bilden. Was Sie auf dem Cover dieses Buches sehen ist die Tonhöhe von 102,528 Herz, die durch eine ausgetüftelte Konstruktion mit Hilfe eines Schallwandlers auf ein Gefäß, das mit destilliertem Wasser gefüllt ist, übertragen und von oben mit Licht ausgeleuchtet wird (vgl. Homepage Alexander Lauterwasser; www.wasserklangbilder.de). Jede Tonhöhe erzeugt ein anderes Schwingungsmuster, aber immer ein spezifisches und charakteristisches. Auf diese Weise experimentiert Alexander Lauterwasser auch mit feinstem Sand auf Metallplatten, die ebenfalls charakteristische Muster für bestimmte Frequenzen ausbilden.

Die Geheimnisse, die hier thematisiert wurden, helfen meines Erachtens auf ganz ähnliche Weise dabei, genau solche Muster und Strukturen nicht von Tonfrequenzen im Medium Wasser sondern in unserem sozialen Verhalten im sozialen Raum wiederzuerkennen. Verhalten ist aus meiner Sicht letztlich etwas, das genau wie diese Klangbilder spezifische und individuelle Muster ausbildet, die wir deuten und verstehen können und auf die wir auch von außen einwirken können. Ich wünsche Ihnen hierbei viel Erfolg!

# V. Wissenschaftlicher Anhang

## A. Leitsätze der Erziehung auf einen Blick

Zum Abschluss dieses Buches möchte ich nochmals überblicksartig alle Leitsätze der Erziehung versammeln, die jeweils über den Text verteilt in den blauen Kästen festgehalten wurden. Diese Leitsätze ergaben sich insbesondere aus dem Herzstück dieses Buches, den zehn Geheimnissen kindlichen und jugendlichen Verhaltens. Selbstverständlich ersetzen diese jeweils sehr plakativen Formulierungen an dieser Stelle des Buches nicht die Lektüre und die Erklärungen zu diesen Leitsätzen im Text, aber sie sollen Ihnen dabei helfen, das Gelesene nochmals Revue passieren zu lassen und gegebenenfalls auch diese Leitsätze als Merkhilfen herauszuschreiben und eventuell an für Sie zentralen Orten zu platzieren. Wahre Veränderung lebt vom Handeln, vom Ausprobieren, vom immer wieder Tun. Es geht an dieser Stelle natürlich keinesfalls darum, dass Sie alle diese Leitsätze „herunterbeten" können. Vielmehr sind diese gedacht als Gedächtnisstützen. Eventuell wählen Sie auch drei Leitsätze nochmals gesondert aus und legen hierauf Ihren ganz eigenen Schwerpunkt bei der Weiterarbeit mit den Inhalten dieses Buches.

Ruhe, Geduld, die richtige Umgebung und der richtige Zeitpunkt spielen in der Erziehung eine entscheidende Rolle.

Echte Subjekt-Subjekt-Beziehungen sind in der Erziehung von absolut zentraler Wichtigkeit. Das Kind darf nicht zum „Erziehungsobjekt" werden.

Kein Erziehender ist unfehlbar. Sie machen Fehler und dazu dürfen und können Sie auch stehen.

Wer Kinder wirklich in die Tiefe verstehen will, muss sich mit Ihrem Lebensraum, ihren Motivationen, ihren Wünschen und Träumen, ihren Ängsten, ihren Sichtweisen und Gedanken beschäftigen. Er muss zu allererst ein guter Beobachter und ein guter Zuhörer sein.

Kindliches Verhalten ist immer situativ zu verstehen. Welche Kräfte wirken jetzt in diesem Moment, das ist die entscheidende Frage, die es zu klären gilt.

Machen Sie sich frei von jeder Form wertender Klassifizierungen und Zuschreibungen wie Trotzalter, Pubertät, ADHS, hochbegabt etc.

Hinter jedem kindlichen Verhalten steht ein Antrieb, d.h. es wirken Kräfte auf das Kind ein, aber es wirken auch Kräfte aus dem Kind heraus. Aus beiden ergibt sich das konkret beobachtbare Verhalten.

Betrachten Sie eine Situation immer als Wechselspiel von wirkenden Kräften.

Versuchen Sie die Struktur und Gerichtetheit des kindlichen Feldes zu verstehen. Wo gibt es Barrieren für das Verhalten?

Der Lebensraum ist immer ein individuell psychologisch erlebter Lebensraum.

Kindliches Verhalten ist immer eine Reaktion auf diesen psychologisch erlebten Lebensraum.

Wie wir einen Lebensraum bzw. eine Situation in diesem Moment wahrnehmen, hängt von unseren bisherigen Erfahrungen, unserem Wissen und unseren Bedürfnissen und Ängsten ab.

Wirklich ist für das Kind, was Wirkung hat und nicht notwendigerweise was „wirklich" der Fall ist.

Es gibt verschiedene Sichtweisen auf ein und dieselbe Situation. Es gibt die kindliche Sichtweise und es gibt unsere Sichtweise. Keine ist besser oder richtiger als die andere.

Für das kindliche Verhalten ist ausschließlich die innere Sichtweise des Kindes ursächlich.

Die Wahrscheinlichkeit, dass jetzt beobachtbares Verhalten mit zunehmendem Alter des Kindes von immer „psychologischer" und „ferner" wirkenden Kräften beeinflusst wird, ist sehr groß und macht die Interpretation von Verhalten schwieriger.

Beachten Sie, dass „Momentansituationen" immer in „Gesamtsituationen" eingebettet sind.

Begrenzen Sie die Handlungsspielräume Ihres Kindes nicht übermäßig durch Verbote und Tabus. Gesunde Entwicklung braucht Entfaltungs- und Versuchsräume.

Das Verhalten Ihres Kindes wird von seinem Lebensraum und Umfeld ganz wesentlich beeinflusst. Hierzu gehören mit zunehmendem Alter vor allem der Freundeskreis und die Gruppen in denen sich Ihr Kind bewegt aber auch Personen des öffentlichen Lebens mit denen sich Ihr Kind identifiziert.

In den Bezugsgruppen ihres Kindes herrscht eine bestimmte Atmosphäre, auf die Ihr Kind in spezifischer Weise reagiert. Auch bei Ihnen zuhause herrscht eine bestimmte Atmosphäre, die Ihr Kind ganz wesentlich in seinem Verhalten beeinflusst.

Achten Sie auf Möglichkeiten der Mit- und Selbstbestimmung für Ihr Kind im Alltag.

Das Verhalten des Kindes wird geleitet von drei zentralen menschlichen Bedürfnissen: sich als wirksam und kompetent zu erleben, sich als selbstbestimmt handelnd zu erfahren und dabei soziale Zugehörigkeit zu spüren.

Kinder und Jugendliche wollen der Welt wirklich begegnen, sie wollen sich von ihr berühren lassen, das erfordert Zeit und Raum. Beim kleinen Kind ist es vielleicht der Matsch und die Pfütze, beim älteren Kind das spielerische Raufen mit anderen Kindern, bei Jugendlichen die innige Freundschaft oder erste Liebe. Das sind nur Beispiele, worum es jedoch eigentlich beim Verhalten geht: Mit der Welt in direkte Beziehung zu treten.

Eine feste Methode in der Erziehung tut so, als wären alle Menschen gleich. Eine Methode behandelt unterschiedliche Menschen gleich und wird damit dieser Individualität nicht gerecht.

Das gründliche Verständnis des kindlichen Verhaltens (Mimik, Gestik, Handlungen, Gefühle, Denken, Träumen, Ängste etc.) stellt das Fundament , die Ausgangslage für jedes erzieherische Handeln dar. Wenn man mit dem Kind und nicht gegen das Kind arbeiten will, muss man sich beständig genau um dieses Verstehen kümmern, so unverständlich und ärgerlich dieses Verhalten auf den ersten Blick betrachtet auch immer sein mag.

Es gibt in der Erziehung keine Naturgesetze. Kein Kind reagiert in gleicher, vorhersehbarer Weise auf einen bestimmten Impuls.

Gute Erziehung entspringt aus einem gründlichen Verständnis der Situation und einer spezifischen inneren Haltung des Erziehenden.

Es gibt einen Unterschied zwischen Dressur und Erziehung.

# B. Literaturverzeichnis


Albert, Mathias/Hurrelmann, Klaus/Quenzel, Gudrun (2010): Jugend 2010 (Shell -Studie (2010)). 2. Auflage. Frankfurt: Fischer Taschenbuch.

Bogner, D.P. (2017): Die Feldtheorie Kurt Lewins. Eine vergessene Metatheorie für die Erziehungswissenschaft. Wiesbaden: Springer VS.

Bandura, A. (1971): Psychological Modeling. Chicago: Aldine&Artherton, Inc.

Calmbach, Marc/Thomas, Peter Martin/Borchard, Inga/Flaig, Bodo B. (2012): Wie ticken Jugendliche? 2012: Lebenswelten von Jugendlichen im Alter von 14 bis 17 Jahren in Deutschland (Sinus-Jugenstudie 2012). Düsseldorf: Verlag Haus Altenberg.

Caspary, R. (Hrsg.) (2006): Lernen und Gehirn. Der Weg zu einer neuen Pädagogik. Freiburg: Verlag Herder.

Darwin, Charles (1859/2008): Die Entstehung der Arten. Hamburg: Nikol Verlag.

DeCharms, R. (1968): Personal causation: The internal affective determinants of behavior. New York.

Deci, E.L./Ryan, R.M. (1993): Die Selbstbestimmungstheorie der Motivation und ihre Bedeutung für die Pädagogik. In: Zeitschrift für Pädagogik, 39. Jahrgang. 1993, Nr. 2., S.223-238.

Dogs, C. P./Poelchau, N. (2017): Gefühle sind keine Krankheit: Warum wir sie brauchen und wie sie uns zufrieden machen. Berlin: Ullstein.

Dohme, A. (1930): Beitrag zur Psychologie und Psychopathologie typischer Schulkonflikte auf den verschiedenen Altersstufen. Zeitschrift für Kinderforschung 36, S.397-479.

Erickson, Milton H./Rossi, Ernest L. /Stein, Brigitte (2016): Hypnotherapie: Aufbau -Beispiele - Forschungen (Leben lernen). 12. Auflage. Stuttgart: Klett-Cotta.

Falk, R./Winnefeld, F./Ahrbeck, H. jun. (1969): Vorwort der Herausgeber. In: Lewin, Kurt (1969): Grundzüge der topologischen Psychologie. Übertragen und hausgegeben von Raymund Falk und Friedrich Winnefeld, unter Mitarbeit von Hans Arbeck jun.. Bern und Stuttgart: Huber.

Forrester, J.W. (1972): Der teuflische Regelkreis. Kann die Menschheit überleben? Deutsche Verlags-Anstalt.

Fuchs, Thomas (2017): Das Gehirn – ein Beziehungsorgan: Eine phänomenologisch-ökologische Konzeption. 5. Aktualisierte Auflage. Stuttgart: Verlag W. Kohlhammer

Fröbel, F. (1973): Die Menschenerziehung. Die Erziehungs-, Unterrichts- und Lehrkunst. Erschienen in der Reihe: Historische Pädagogik. Band 57. Bochum: Kamp.

Hattie, J. (2009): Visible Learning. A synthesis of over 800 meta-analyses relating to achievement. Milton Park, Abbington: Routledge.

Harlow, F. (1958): The nature of love. American Psychologist 13 (1958), S.673-685.

Helsper, Werner (2016): Lehrerprofessionalität – der strukturtheoretische Ansatz. In: Rothland, Martin (Hrsg.): Beruf Lehrer/Lehrerin. Ein Studienbuch. Münster: Waxmann, S.103-125.

Herbart, Johann-Friedrich (1806/1983): Allgemeine Pädagogik aus dem Zweck der Erziehung abgeleitet. Hrsg. Von Holstein, H; Bochum: Verlag Ferdinand Kamp.

Herder, Johann-Gottfried von (1844): J. G. von Herder's Ausgewählte Werke in einem Bande. Stuttgart und Tübingen: J. G. Gotta.

Hobbes, Thomas (1642/2017a): De Cive. Vom Bürger. Stuttgart: Reclam.

Hobbes, Thomas (2017): Grundzüge der Philosophie: Vom Körper / Vom Menschen / Vom Bürger. Berlin: Verlag Hofenberg.

Homer (ca. 700 v. Chr./2018): Ilias/Odyssee. Übersetzt von Johann Heinrich Voß. Herausgegeben von Theordor Borken. Berlin: Anaconda Verlag.

Humboldt, Wilhelm von (1793-1810/2017): Schriften zur Bildung. Stuttgart: Reclam.

Humboldt, Wilhelm von (1960): Theorie der Bildung des Menschen. In: Humboldt, Wilhelm von: Schriften zur Anthropologie und Geschichte. Werke in fünf Bänden, Band 1. Herausgegeben von Andreas Flitner und Klaus Giel. Darmstadt 1960: Wissenschaftliche Buchgesellschaft, S.234-240.

Hüther, G. (2006): Wie lernen Kinder? Voraussetzungen für gelingende Bildungsprozesse aus neurobiologischer Sicht. In: Caspary, R. (Hrsg.) (2006): Lernen und Gehirn. Der Weg zu einer neuen Pädagogik. Freiburg: Verlag Herder, S.70-84.

Hüther, Gerald (2018): Was wir sind und was wir sein könnten: Ein neurobiologischer Mutmacher. 9. Auflage. Frankfurt am Main: Fischer.

Inhelder, B./Piaget, J. (1977): Von der Logik des Kindes zur Logik des Heranwachsenden. Olten: Walter-Verlag.

Jank, Werner u. Meyer, Hilbert (2009). Didaktische Modelle. 9. Auflage. Berlin: Cornelsen.

Kabat-Zinn, Jon (2013). Full Catastrophe Living. Using the Wisdom of Your Body and Mind to Face Stress, Pain, and Illness. New York: Bantam Books.

Kant, Immanuel (1803/1983): Über Pädagogik. In: Kant, Immanuel: Werke in 10 Bänden. Hrsg. Von Wilhelm Weischedel. Band 10. Darmstadt: Wissenschaftliche Buchgesellschaft, S.691-764.

Kron, Friedrich W. (2000). Grundwissen Didaktik. 3. Auflage. München und Basel: Reinhardt Verlag.

Lewin, K. (1926): Vorsatz Wille und Bedürfnis. Mit Vorbemerkungen über die psychischen Kräfte und Energien und die Struktur der Seele. Berlin und Heidelberg: Springer.

Lewin, K. (1931): Die psychologische Situation bei Lohn und Strafe. In: Lewin, K. (1982a): Kurt-Lewin-Werkausgabe, hrsg. von C.-F. Graumann, Band 6. Psychologie der Entwicklung und Erziehung, hrsg. von F.E. Weinert und H. Gundlach. Bern: Huber, Stuttgart: Klett-Cotta, S.113-167.

Lewin, K. (1931a): Der Übergang von der aristotelischen zur galileischen Denkweise in Biologie und Psychologie. In: Lewin, K. (1981): Kurt-Lewin-Werkausgabe, hrsg. von C.-F. Graumann, Band 1. Wissenschaftstheorie I, hrsg. von A. Métraux. Bern: Huber, Stuttgart: Klett-Cotta, S.233-271.

Lewin, K. (1931b): Umweltkräfte in Verhalten und Entwicklung des Kindes. In: Lewin, K. (1982a): Kurt-Lewin-Werkausgabe, hrsg. von C.-F. Graumann, Band 6. Psychologie der Entwicklung und Erziehung, hrsg. von F.E. Weinert und H. Gundlach. Bern: Huber, Stuttgart: Klett-Cotta, S.169-214.

Lewin, K. (1933): Vektoren, kognitive Prozesse und Mr. Tolmans Kritik. In: Lewin, K. (1982): Kurt-Lewin-Werkausgabe, hrsg. von C.-F. Graumann, Band 4. Feldtheorie, hrsg. von C.-F. Graumann. Bern: Huber, Stuttgart: Klett-Cotta, S.99-126.

Lewin, K. (1935): A dynamic theory of personality (selected papers). New York/ London: McGraw-Hill.

Lewin, K. (1938): The conceptual representation and the measurement of psychological forces. 247 S., Contr. Psychol. Theory, Vol. 1, Nr. 4, Durham (North Carolina): Duke University Press.

Lewin, K./Lippitt, R. (1938): Eine experimentelle Methode zur Untersuchung von Autokratie und Demokratie. Eine vorläufige Notiz. In: Lück, H.E. (Hrsg.) (2009): Kurt Lewin, Schriften zur angewandten Psychologie. Aufsätze, Vorträge, Rezensionen. Wien: Verlag Krammer. S.131-138.

Lewin, K./Lippitt, R./White, R.K. (1939): Patterns of aggressive behavior in experimentally created „social climates". In: Journal of Social Psychology 10, S.271-299.

Lewin, K. (1939a): Experimente über autokratische und demokratische Atmosphären. In: Lück, H.E. (Hrsg.) (2009): Kurt Lewin, Schriften zur angewandten Psychologie. Aufsätze, Vorträge, Rezensionen. Wien: Verlag Krammer. S.139-146.

Lewin, K. (1942): Feldtheorie des Lernens. In: Lewin, K. (1982): Kurt-Lewin-Werkausgabe, hrsg. von C.-F. Graumann, Band 4. Feldtheorie, hrsg. von C.-F. Graumann. Bern: Huber, Stuttgart: Klett-Cotta, S.157-185.

Lewin, K. (1942a): Feldtheorie und Lernen. In: Lewin, K. (2012): Feldtheorie in den Sozialwissenschaften. Ausgewählte Schriften. 1. Auflage. Bern: Verlag Hans Huber, S.102-125.

Lewin, K. (1943): Definition des „Feldes zu einer gegebenen Zeit“. In: Lewin, K. (2012): Feldtheorie in den Sozialwissenschaften. Ausgewählte Schriften. 1. Auflage. Bern: Verlag Hans Huber, S.86-101.

Lewin, K. (1946): Verhalten und Entwicklung als eine Funktion der Gesamtsituation. In: Lewin, Kurt (2012): Feldtheorie in den Sozialwissenschaften. Ausgewählte Schriften. 1. Auflage. Bern: Verlag Hans Huber, S.271-329.

Lewin, K. (1951): Problems of Research in Social Psychology. In: Cartwright, D. (Hrsg.): Field Theorie in Social Science; Selected Theoretical Papers. New York: Harper & Row.

Lewin, Kurt (1952): Group Decision and Social Change. In: Newcomb, T.M./ Hartley, E.E. (Hrsg.): Readings in social psychology. New York: Holt, S.459-473.

Lewin, K. (1953): Die Lösung sozialer Konflikte. Bad Nauheim: Christian-Verlag.

Lewin, K. (1969): Grundzüge der topologischen Psychologie. Übertragen und herausgegeben von Raymund Falk und Friedrich Winnefeld, unter Mitarbeit von Hans Arbeck jun.. Bern und Stuttgart: Huber.

Lohr, W. (2012): Einführung zur deutschsprachigen Ausgabe (von 1963). In: Lewin, Kurt (2012): Feldtheorie in den Sozialwissenschaften. Ausgewählte Schriften. 1. Auflage. Bern: Verlag Hans Huber.

Luhmann, Niklas/Schorr, Karl Eberhard (1982): Das Technologiedefizit der Erziehung und die Pädagogik. In: Luhmann, N./Schorr, K. E. (Hrsg.): Zwischen Technologie und Selbstreferenz. Fragen an die Pädagogik. Stuttgart: Suhrkamp Verlag, S.11-41.

Lutter, M. (2012): Soziale Strukturen des Erfolgs. Winner take all Prozesse in der Kreativwirtschaft. MPIfG Disusscion Paper 12/7. Köln: Max-Planck-Institut für Gesellschaftsforschung, 2012, S.11.

Lück, H. E. (2001): Kurt Lewin. Eine Einführung in sein Werk. Weinheim und Basel: Beltz.

Marrow, A. J. (2002): Kurt Lewin. Leben und Werk. Weinheim und Basel: Beltz.

Mietzel, G. (1998): Pädagogische Psychologie des Lernens und Lehrens. 5., vollständig überarbeitete Auflage des Buches „Psychologie in Unterricht und Erziehung“. Göttingen u.a.: Hogrefe.

Oerter, R./Montada, L. (Hrsg.) (1998): Entwicklungspsychologie. Weinheim: Beltz.

Piaget, J. (1961): The genetic approach to the psychology of thought. In: Journal of Educational Psychology, 52, S.275-281.

Rauschenbach, Thomas/Bien, Walter (Hrsg.) (2012): Aufwachsen in Deutschland. AID:A – Der neue DJI-Survey (AID:A-Studie). Weinheim und Basel: Beltz Juventa.

Ravens-Sieberer, U./Wille, N./Bettge, S./Erhart, M. (2007): Psychische Gesundheit von Kindern und Jugendlichen in Deutschland. Ergebnisse aus der BELLA-Studie im Kinder- und Jugendgesundheitssurvey (KiGGS). In: Bundesgesundheitsblatt – Gesundheitsforschung – Gesundheitsschutz 5/6 2007. Berlin: Springer Medizin Verlag. S.871-878.

Reich, K. (2005): System-konstruktivistische Pädagogik: Einführung in die Grundlagen einer interaktionistisch-konstruktivistischen Pädagogik. 5., völlig überarbeitete Auflage. Weinheim und Basel: Beltz

Rosenthal, Robert/Jacobsen, Lenore (1971): Pygmalion im Unterricht. Weinheim: Beltz.

Roth, Gerhard (2009): Aus Sicht des Gehirns. Vollständig überarbeitete Neuauflage. Frankfurt am Main: Suhrkamp Verlag.

Rosa, H. (2005): Beschleunigung. Die Veränderung der Zeitstrukturen in der Moderne. Frankfurt am Main: Suhrkamp.

Rosa, H. (2016): Resonanz. Eine Soziologie der Weltbeziehungen. Berlin: Suhrkamp Verlag

Rosa, H./Endres, W. (2016a): Resonanzpädagogik. Wenn es im Klassenzimmer knistert. Weinheim und Basel: Beltz.

Rosa, H. (2019): Unverfügbarkeit. 2. Auflage. Wien und Salzburg: Residenz Verlag.

Rousseau, Jean-Jaques (1762/2003): Émile – oder über die Erziehung. 13.Auflage. Stuttgart: Schöningh UTB.

Schulte-Körne, G. (2016): Psychische Störungen bei Kindern und Jugendlichen im schulischen Umfeld. Deutsches Ärzteblatt 2016; 113: 183-90. DOI: 10.3238/arztebl.2016.0183

Schulz von Thun, Friedemann (2014): Miteinander reden 1-4. Reinbek und Berlin: Rohwolt Taschenbuch Verlag.

Siebert, H. (2005): Pädagogischer Konstruktivismus: Lernzentrierte Pädagogik in Schule und Erwachsenenbildung. 3. Auflage. Weinheim und Basel: Beltz

Syring, M. (2016): Classroom Management: Theorien, Befunde, Fälle – Hilfen für die Praxis. Göttingen: Vandenhoeck & Ruprecht

Timerding, H.E. (1921): Galilei und Aristoteles. In: Die Fallgesetze. Mathematisch-Physikalische Bibliothek, Vol. 5. Wiesbaden: Vieweg+Teubner Verlag.

Vester, F. (2018): Denken, Lernen, Vergessen. Was geht in unserem Kopf vor, wie lernt das Gehirn, und wann läßt es uns im Stich? 38. Aktualisierte Neuausgabe. München: dtv.

Watzlawick, Paul (2011): Anleitung zum Unglücklichsein. 19. Auflage. München: Piper Verlag.

Watzlawick, Paul (2011a): Wie wirklich ist die Wirklichkeit. Wahn, Täuschung, Verstehen. 10. Auflage. München: Piper Verlag.

White, R.W. (1959): Motivation reconsidered. The concept of competence. Psychological Review 66 (1959), S.297-333.

Wolf, G. (2007): De Dignitate Hominis. Zum Menschenbild in der Geschichte der Pädagogik. 13 Edition Erneuerung Geistiger Werte. Hans-Joachim-Lenz-Stiftung. Norderstedt: Books on Demand.

Wüsthof, Achim (2006): Gehirn im Ausnahmezustand. In: DIE ZEIT, 12.10.2006, Nr.42. Online unter: https://www.zeit.de/2006/42/MS-Pubertaet (Abruf am 15.03.2019 um 10.39 Uhr).

**Online im Internet:**

http://www.wasserklangbilder.de [Online im Internet: am 04.04.2019, um 11.24 Uhr]

47631412R00087

Printed in Poland
by Amazon Fulfillment
Poland Sp. z o.o., Wrocław